Kispa

Susanne Hofer

Mit Themengebieten und Fallbeispielen

Projektarbeit
IN DER Kita

Projekte in der Kita erfolgreich planen, gestalten und durch[...]

PROJEKTARBEIT IN DER KITA

PROJEKTE IN DER KITA ERFOLGREICH PLANEN, GESTALTEN UND DURCHFÜHREN

MIT THEMENGEBIETEN UND FALLBEISPIELEN

SUSANNE HOFER

Kispa

Inhaltsverzeichnis

1. Einleitung   1

2. Der Situationsansatz: Das kindliche Wesen im
    Fokus frühkindlicher Pädagogik   7

    2.1 Der Situationsansatz und dessen
            Methode „Projektarbeit" im Sumpf der
            Künstlichkeit   9

    2.2 Der Situationsansatz: Autonomie,
            Solidarität und Kompetenz zu jeder
            Zeit für jedes Kind   11

    2.3 16 konzeptionelle Grundsätze nach
            Preissing und Heller   13

    2.4 Wie der Phönix aus Asche: Die
            Projektarbeit nicht länger im Schatten
            des Situationsansatzes, sondern in
            dessen Lichte   26

    2.5 Die Bildungsbereiche im Kindergarten   28

3. Projektarbeit aus einer zeitgemäßen
    Perspektive: eine didaktische Strategie   38

    3.1. Definition: Was ist eigentlich
                    ein Projekt?   40

        3.1.1 Die Initiationsphase   43

        3.1.2 Die Entscheidungsphase   46

        3.1.3 Die Planungsphase:
                Erstellung von Projektentwurf
                und Ablaufplan   51

        3.1.4 Die Vorbereitungsphase   53

3.1.5 Phase der Durchführung mit
Reflexionen   56

3.1.6 Präsentation der Ergebnisse   59

3.1.7 Die Evaluationsphase   60

3.2 Die Projektarbeit im Überblick:
Eine Einordnung   62

3.3 Ganz kleine Kinder ganz groß:
Projektarbeit von Anfang an   68

4.   Projektarbeit in der Praxis: Themengebiete
und Fallbeispiele   77

4.1 Fallbeispiel Baustelle: 81

4.2 Fallbeispiel Farben: 86

1 | *Einleitung*

„Das Menschenleben ist eine ständige Schule" – sagte schon Gottfried Keller, der seinerzeit erkannt hat, was heute nicht weniger bedeutsam ist:

Niemand lernt je aus, auch jene nicht, die das Lernen ablehnen oder sich gar dagegen sträuben. Fernab von den bekannten Stufen schulischer, beruflicher oder gar universitärer Ausbildung verbirgt sich nämlich Neues in jedem Aspekt der Natur und des gesellschaftlichen sowie kulturellen Zusammenlebens. Jeder Schritt im Leben schult, sei es, dass dieser mit Vorwissen oder gänzlich unwissend getan wurde – das Ergebnis ist immer ein verändertes, weil um Erfahrung und Wissen reicheres menschliches Wesen.

Dabei sind es natürlich gerade die Kleinsten aus unserer Mitte, die immerzu ohne jegliches Vorwissen Situationen ausgesetzt sind. Sowie sie das Licht der Welt erblicken, werden sie mit einer Flut von Eindrücken und Reizen konfrontiert, die sie noch nicht in ein kognitiv ausgebildetes Netz von Kategorien ein- und zuordnen können, sondern die in ihrer ganzen Fremdheit auf ein Wesen einwirken, dessen Geist, wie John Locke im Rahmen seiner Erkenntnistheorie beschrieben hat, völlig frei von jedweder Erfahrung ist und dadurch als *tabula rasa* gilt.

Schon jetzt nimmt das Leben, das zwar auf den elterlichen Schutz sehr angewiesen ist, seinen ganz eigenständigen Lauf. Körperliche und geistige Entwicklung schreiten voran, weil die Neugier und das Streben schon im frühkindlichen Wesen verankert sind. Parallel hierzu sind engagierte Eltern darum bemüht, ihrem Nachwuchs ein altersgerechtes Umfeld zu bieten. Es ist eine Umgebung, die nicht überfordert, aber doch fordert und sogar herausfordert. Vorhandenem Potential soll genügend Raum zur Entfaltung geboten werden und so entsteht eine Förderung schon im Säuglingsalter, wenn die Babys damit beginnen, motorische Fähigkeiten auszubilden und ihre Sinne schrittweise zu schärfen.

Auf diese Weise wachsen die Kleinsten hinein in dieses Leben, das für sie täglich neue Herausforderungen bereithält. Die kindliche Neugier fungiert hier als Motor, der im übertragenen Sinne fast schon als *perpetuum mobile* zu beschreiben ist, denn die Wissbegier ist eine dem Kind innewohnende Konstante: Das Kind wird niemals damit aufhören, sich zu neuartigen Dingen hingezogen zu fühlen und diese zu erkunden. Im Laufe dieses jungen Lebens entsteht also im Rahmen eines fürsorglichen Kontextes eine fördernde und auch fordernde Atmosphäre, die schließlich im Bereich des Kindergartens erstmals fachwissenschaftlichen, also pädagogischen Anspruch dazugewinnt.

Die frühkindliche Pädagogik orientiert sich an definierten Bildungsbereichen und verfolgt das Ziel, die Kleinsten adäquat auf das Leben nicht nur einzustellen, sondern auch vorzubereiten. Der Fokus liegt deutlich auf Individualität, aber auch auf Partizipation. Die Teilhabe ist nicht nur etwas, das unsere Demokratie ermöglicht, sondern führt auch zu einer vollumfänglichen Integration auf gesellschaftlicher Ebene. Das Kind begreift sich von Anfang an als dazugehörend, wodurch ein Nährboden nicht nur für das sich entwickelnde Selbstbewusstsein, sondern auch für das Selbstwertgefühl entsteht.

Ziel muss darüber hinaus immer sein, jedes Kind dort abzuholen, wo es sich gerade befindet und dies kann nur im ständigen Austausch geschehen, der durch das Recht zur Mitbestimmung eine dessen Qualität ausmachende Facette erfährt. Dies sollte sich wie ein roter Faden durch alle Bereiche des frühkindlichen Lernens ziehen, das sich niemals als auferlegter Prozess verstehen kann, sondern als eine intrinsische Anlage, der durch geeignete

Rahmenbedingungen optimale Voraussetzungen geboten werden.

Dabei ist es nur ein ganz schmaler Grat zwischen einer Förderung, die auch Platz zur individuellen Entfaltung bietet und einer solchen, die das Kind beinahe einpfercht. Dies droht dann zu geschehen, wenn das Leben auf altersgerechte und auch didaktisch ausgearbeitete Inhalte vorgesehener Bildungsbereiche nicht unbedingt reduziert wird, aber doch dort künstlich verpackt erscheint. Sämtliche Diskurse werden aufbereitet, vorbereitet und so zubereitet, dass die Kinder stets einen ihrem Alter gerecht werdenden Zugang erhalten – was aus pädagogischer Sicht völlig richtig ist! Und doch ist es das Leben, das hier oftmals im eigentlichen Sinne an ihnen vorbeizieht, wenn die Kinder sich nur noch in solchen Arealen mit höchster pädagogischer Intention bewegen.

In der liebevollen Annahme, ihnen die bestmögliche Förderung zukommen zu lassen, vereinsamt das kindliche Streben außerhalb der Welt der Erwachsenen auf den konzipierten Oasen, die sich alsbald als vereinzelt umhertreibende Eisschollen entpuppen.

Zwischen diesen künstlich geschaffenen Lebenswelten, die den Kindern auch dazu dienen sollen, sich zu erproben, spielt sich nämlich die Realität ab: So erblühen Kinder in ihrer kleinen Küche, die mit detailliert nachempfundenen Utensilien fast nichts vermissen lässt und werden doch um die primäre Erfahrung des Kochens gebracht. Es ist selbstverständlich nicht immer möglich, dass Kinder mit am Herd stehen – und doch verdeutlicht dieses Beispiel, worum es hier gehen soll: Kinder müssen mehr in das echte Leben integriert werden und zwar nicht nur in Form von Teilhabe, sondern auch in Form von Mitentscheidung.

Ein solches Verständnis von Bildung existiert einerseits schon lange in bewährten Konzepten wie in jenem von Maria Montessori und entwickelt sich allmählich in immer mehr pädagogischen Programmen und dort auch auf kleinster Ebene, sei es, dass die Kinder bestimmen, wer als nächstes dran ist, welches Lied gesungen oder welches Spiel gespielt wird. Nach und nach erleben die Kleinen sich auf diese Weise als gleichberechtigt und entwickeln als Gesprächspartner, mit denen sich auf Augenhöhe unterhalten wird, ein gesundes Gefühl für das eigene Selbst.

Würden hinzukommend noch vermehrt Primärerfahrungen Modelle, Schemata oder etwa Filme ersetzen, dann eröffnete sich den Kindern die echte Welt. Dabei geht es um eben diese Realität, die zwischen den genannten Oasen mit pädagogischer Intention und den heutigen Abstraktionen durch audiovisuelle Medien existiert: Es geht um ursprüngliche Erkenntnis, sei es im Bereich der Natur, der Gesellschaft, oder auch der Kultur. Das Kind soll weder durch festgelegte Förderung eingeschränkt, noch durch den Konsum von Medien von dieser abgehalten werden. Letzteres führt bei allem technischen Potenzial und Fortschritt wiederum zu einem Ausbremsen auf anderer Ebene: Kommunikative Fähigkeiten werden durch den Rückzug aus dem sozialen Netzwerk gehemmt, die Sinne stagnieren in ihrer Entwicklung und der Körper erfährt einen ungesunden Mangel an Bewegung.

Hier offenbart sich allmählich die goldene Mitte: Primärerfahrung, Mitbestimmung und Partizipation sind die Parameter eines ganzheitlichen Lernens, die den Kindern den Weg für jenes lebenslange Lernen ebnen und die gleichermaßen bewirken, dass die kindliche Neugier niemals im Keim erstickt wird.

Es ist eine solche Reflexion, die Umdenken und Fortschritt erst ermöglicht und die im (fach-)wissenschaftlichen Rahmen natürlich eine Voraussetzung ist, weshalb dieser Ratgeber pädago-gischen Fachkräften dazu dienen soll, das eigene kritische Hinterfragen von Theorien und Modellen zu inspirieren. Das Vorstellen der Projektarbeit im Kindergarten soll daher vor eben diesem Hintergrund geschehen, dass die Art und die Qualität der Arbeit mit den Kleinsten eine Aufwertung erfährt, von der die Kinder in vielerlei Hinsicht profitieren.

2 | *Der Situationsansatz: Das kindliche Wesen im Fokus frühkindlicher Pädagogik*

Das geforderte ganzheitliche Lernen, welches Hand in Hand mit der angestrebten Autonomie des Kindes geht, und welche ihrerseits Aspekte wie Selbstständigkeit und Willensfreiheit denotiert, offenbart sich bereits in älteren pädagogischen Denkansätzen. Einer davon ist der Situationsansatz, der auf Jürgen Zimmer als dessen Begründer in den frühen 1970er Jahren zurückgeht.

Damals war der Nationalsozialismus noch nicht lange her und in den Köpfen der Eltern geisterte sicherlich noch die auf Homogenität ausgelegte und autoritäre Erziehung herum, die sich mit einem egoistischen Bildungsgedanken verbunden hat. Doch auch wenn die Zeit zwischen 1933 und 1945 als äußerstes Extrem gelten muss, waren Erziehung und Bildung ursprünglich gesellschaftliche Maßnahmen, die über einseitige Kommunikation die zukünftige Rolle der Kinder in der Aufrechterhaltung der Wirtschaft auszubilden versuchte: Kinder wurden programmatisch geschult und nicht etwa im Sinne eines adäquaten, also ganzheitlichen Bildungsauftrages beschult.

Zwar existierte die Pädagogik Maria Montessoris schon Anfang des 20. Jahrhunderts, wurde aber im Rahmen des italienischen Faschismus, der sich immer mehr einmischte, ebenso unterwandert. So etablierten sich die Erkenntnisse Montessoris auch erst nach den beiden Weltkriegen als eine Säule frühkindlicher Pädagogik. In den 1970er-Jahren kommt mit dem Situationsansatz von Zimmer dann erstmals wieder eine Theorie auf, die das Kind als Individuum betrachtet. Seitens der Pädagogen und anderer kindlicher Begleiter wie natürlich der Eltern vergrößerte sich zunehmend der Wunsch, Kinder nicht länger von oben herab mit Bildungsinhalten zu beschallen, sondern den Kleinen eine Förderung zukommen zu lassen, die auf deren Bedürfnisse abgestimmt ist. Dies ist das Besondere der menschlichen Natur: das Streben nach ständiger Optimierung. Aus der kritischen Reflexion entspringen die Grundlagen für ein Umdenken, das in diesem Falle der frühkindlichen Pädagogik und nach den Jahrzehnten der Unterdrückung natürlich im Lichte der Anthropologie vollzogen werden musste. In diesem Zuge fokussierte der Situationsansatz endlich die Natur des Kindes, dessen Wesen und Lebenswelt die einzigen sowie wichtigsten Parameter für einen Bildungsauftrag sein konnten, welcher im Kontext frühkindlicher Pädagogik nun den Anspruch hatte, tatsächlich als solcher gelten zu dürfen.

2.1 Der Situationsansatz und dessen Methode „Projektarbeit" im Sumpf der Künstlichkeit

Der Situationsansatz war auf der anderen Seite jedoch auch Opfer vieler Unklarheiten, denn zur selben Zeit machten sich viele Reformer der Frühpädagogik auf den Weg, diese zugunsten der Kinder umzugestalten. So kam es, dass der Begriff der Situation vielen Theorien zugrunde lag: Zwischen dem situativen, dem situationsbezogenen oder auch dem situationsorientierten Ansatz konnten die Fachleute durch den nicht unbedingt inflationären, aber seitens der Theoretiker doch immer anders mit Bedeutung besetzten Begriff der Situation nur noch sehr schwer unterscheiden.

Der Situationsansatz nach Zimmer ist es aber rückblickend, welcher in Bezug auf die Projektarbeit im Kindergarten einiges ausgelöst hat. Zunächst einmal war es eben diese Art der Arbeit, auf welche sein Ansatz nahezu gänzlich reduziert wurde. Dies geschah wahrscheinlich im Zuge der Fülle an Theorien, dadurch aufgekommenen Missverständnissen und dem damaligen Versuch des Situationsansatzes, einen Bezug zur kindlichen Lebenswelt herzustellen; der dann jedoch darin mündete, das Leben in jene kategorialen Schubladen zu schieben, die es zwar tatsächlich aufweist, welche aber die eigentlichen und vor allem aktuellen Bedürfnisse des Kindes erneut passivierten und damit in den Hintergrund stellten. Zwar wurde die Umgebung der Kinder und damit deren Belange zum Hauptthema – die Realität als solche jedoch wurde auf „Eisschollen" gepackt, auf welchen diese dann in Form von künstlichen Realitäten in der Wahrheit des eigentlichen Lebens umhertrieben. Obschon für diese Projektarbeit mit Bezug zum Kontext der Kinder viel und auch ein interdisziplinärer Aufwand betrieben worden war, blieb es dabei, dass das Leben der Kinder in Situationen unterteilt und in Form von Projektarbeiten quasi abgehandelt wurde. Die Folge war ein Situationsansatz, welchem die Spontaneität verloren ging und eine Projektarbeit, die auf diese Weise in Verruf geraten war, eben jenes gekünstelte und auferlegte Lernen zu begünstigen, das sich von der Inhaltsseite her zwar an den Kindern orientierte, aber ihre Partizipation dahingehend sehr eingeschränkt hat, den Lernprozess und die Dynamik seiner Kaskaden mit zu beeinflussen.

In der Folgezeit wurde es daher um die Projektarbeit sehr ruhig und der Situationsansatz, der auf Jürgen Zimmer zurückgeht, wurde in den 90er-Jahren derart überarbeitet, dass dieser dann vielleicht sogar zu jener Theorie erblühte, die er eigentlich darstellen wollte, letztlich aber doch in dem Gefüge der Vielheit an Diskursen in dieser Reformzeit der frühkindlichen Pädagogik einen

Stempel aufgedrückt bekam, der diesen Ansatz mitsamt seiner vermeintlichen Methode, nämlich der Projektarbeit, in ein schlechtes Licht rückte.

Im Zuge seiner neuerlichen Überarbeitung in den 90er-Jahren wurde dieser Ansatz schließlich auf die komplette Arbeit frühpädagogischer Fachkräfte ausgeweitet, damit die Kinder in Echtzeit und in allen Situationen abgeholt werden konnten. An dieser Stelle wird nun der „Insel-Pädagogik" entgegengewirkt, welche die Realität nicht nur der Kinder, sondern auch des Lebens an sich auf einzelne und künstliche Situationen des Lernens beschränkt hat. Dadurch erfährt nicht nur der Situationsansatz die Aufwertung, die diesem als inhärenten Merkmal vielleicht immer schon innegewohnt hat, sondern auch die Projektarbeit wird von einer Art Fluch losgesagt, welcher deren Potenzial für die frühkindliche Pädagogik unglaublich untergraben hat: Beides ist im Sinne einer Einbeziehung kindlicher Belange in Echtzeit zu verstehen – der Situationsansatz als Theorie auf der einen Seite und die Projektarbeit als didaktischer Ansatz, der mehrere Methoden vereint, auf der anderen Seite.

2.2 Der Situationsansatz: Autonomie, Solidarität und Kompetenz zu jeder Zeit für jedes Kind

Im Wesentlichen meint der Situationsansatz also die Einbeziehung der Wirklichkeiten von Kindern und ihren Familien sowie deren Lebensbedingungen, die Voraussetzung und auch das Potenzial für ein adäquates und auch sich einstellendes Lernen sind. Dies geschieht vor dem Hintergrund der gesellschaftlichen und kulturellen Aspekte, die auf einer weiteren, übergeordneten Ebene als Parameter in den Lernprozess einfließen. Für alle Kinder ergeben sich hieraus individuelle Gefüge, die nun für jeden einzelnen Ausläufer pädagogischer Arbeit relevant werden.

Der Theorie des Situationsansatzes liegen also die kindlichen Lernprozesse zugrunde, die sich an den jeweils unterschiedlichen, individuellen Lebenswirklichkeiten orientieren und damit auf Gleichheit und Differenz genauso ausgerichtet sind, wie auf der anderen Seite auch auf Partizipation – und seit den 90er-Jahren betrifft dies konkret das gesamte Feld pädagogischer Arbeit. Schließlich können Kinder sich nur dann voll entfalten, wenn nicht nur ihre eigenen, sondern vor allem auch ihre jeweils aktuellen Ambitionen einbezogen werden. Diese werden in den Kontext von Loyalität und Gemeinschaftswesen eingeordnet, so dass Selbstbestimmung im Rahmen gesellschaftlich-demokratischer Gefüge ein gesundes Ausmaß annehmen kann, also im Zuge einer Partizipation stattfindet, die nicht nur individuell ist, sondern auch auf die Belange der Gemeinschaft ausgelegt ist.

Schließlich sind aus dieser Konzeption des Situationsansatzes 16 Grundsätze erwachsen, die wiederum Grundlage für die Bildungsbereiche im

Kindergarten werden.

2.3 16 konzeptionelle Grundsätze nach Preissing und Heller

Schließlich thront die neuerliche Konzeption des Situationsansatzes in 16 Grundsätzen, die konkret auf den Punkt bringen, was frühkindliche Pädagogik eigentlich möchte. Daher ist mit nur wenigen Worten lediglich zu beschreiben, was ihr fernliegt: Sie möchte nicht bestimmen, nicht vorschreiben, nicht einengen und auch nicht ausgrenzen. Und da es nun dieser Situationsansatz ist, der als Grundlage für jegliche frühpädagogische Arbeit dient, sind es auch die in dessen Lichte stehenden Grundsätze, die sich selbstverständlich auch als Basis für Projektarbeiten verstehen. Preissing und Heller sorgen nach der Jahrtausendwende mit eben diesen grundlegenden Zielen nicht nur für eine Konkretisierung des Situationsansatzes, sondern sichern mit diesen auch dessen Qualität.

1.   *„Die pädagogische Arbeit geht aus von den sozialen und kulturellen Lebenssituationen der Kinder und ihrer Familien." (Preissing & Heller 2016, 7-8)*

Gerade in der heutigen Zeit, in der nicht nur Multikulturalität eine Rolle spielt, die Schere zwischen Arm und Reich immer weiter auseinander geht und auch Geflüchtete noch einmal einen besonderen familiären und sozialen Hintergrund mitbringen, ist es umso wichtiger Analysen dahingehend zu betreiben. Zusätzlich ergeben sich von den individuellen Kontexten ausgehend jene, die im täglichen Miteinander im Kindergarten entstehen. Es ist wichtig den Kindern zuzuhören, wenn sie all die Dinge, welche diese Diskurse betreffen, versuchsweise in einen größeren und sinnhaften Zusammenhang einordnen. Es sind ihre Fragen und ihre Interessen, die hier von größter Wichtigkeit sind. Daneben ist natürlich auch Platz für die Initiative der Fachkräfte, die eine hilfreiche, kindgerechte Einordnung in größere gesellschaftliche Zusammenhänge so vornehmen, dass jedes Kind lernt, sich und die eigenen Thematiken schrittweise vor dem Hintergrund des Systems zu begreifen und sich dadurch wiederzufinden.

2. *„Erzieherinnen finden im kontinuierlichen Diskurs mit Kindern, Eltern und anderen Erwachsenen heraus, was Schlüsselsituationen im Leben der Kinder sind." (Preissing & Heller 2016, 7-8)*

Individuelle und damit bedeutsame Situationen im Leben der Kinder können nur im Gespräch mit allen Sorgeberechtigten und am Leben der Kinder Beteiligten erörtert werden. Dies ist wichtig, um das Kind in seinem ganzheitlichen Wesen nachvollziehen zu können und auch, um ihm dabei zu helfen, nicht nur zu verarbeiten und zu verstehen, sondern auch, um von exemplarischen Situationen auf die eigenen Lebenssituationen zu schließen und umgekehrt. Kinder lernen so nicht nur zu verstehen, sondern auch wie sie sich in einzelnen Lagen verhalten und sich in diese aktiv einbringen können, indem sie diese mitgestalten.

3. *„Erzieherinnen analysieren, was Kinder können und wissen und was sie erfahren wollen. Sie eröffnen ihnen Zugänge zu neuem Wissen und neuen Erfahrungen, die für ihr Aufwachsen von Bedeutung sind." (Preissing & Heller 2016, 7-8)*

Indem die zuständigen Pädagoginnen und Pädagogen die Kinder eingehend betrachten, lernen sie, was sie beschäftigt, worauf sie ihren Fokus legen und was ihnen wichtig ist. Somit kommen die Erzieherinnen und Erzieher in die Lage, den Kindern eine adäquate Lernatmosphäre zu schaffen, die sie deswegen anspricht, weil sie eine eigene Motivation und damit verbundene Neugier verspüren. So entfalten die Kinder sich am ehesten frei und erhalten vom Fachpersonal die Möglichkeit ihrem derzeitigen Interesse möglichst facettenreich zu begegnen – und zwar vor allem in realen Situationen des Lebens.

4. *"Erzieherinnen unterstützen Mädchen und Jungen in ihrer geschlechtsspezifischen*

Identitätsentwicklung und wenden sich gegen stereotype Rollenzuweisungen und -übernahmen." (Preissing & Heller 2016, 7-8)

Gerade in der heutigen Zeit, in welcher die gesellschaftlichen Rollen, die aus den biologischen Geschlechtern nicht naturgemäß, sondern künstlich hervorgehen, ist es unerlässlich die Kinder auch dahingehend zu sensibilisieren. Im Rahmen des Diskurses, der sich um das soziale Geschlecht, das besser unter dem Begriff „Gender" bekannt ist, dreht, ist es wichtig, stereotype Zuordnungen, welche die Kinder allzu leicht beispielsweise aus der Werbung für geschlechtsspezifisches Spielzeug übernehmen, kritisch zu begegnen. Hierfür ist eine ständige Reflexion erforderlich, die sich nicht nur auf das Verhalten der Kinder, sondern auch auf das der Erzieherinnen und Erzieher selbst bezieht. Auf diese Weise lernen die Kinder in einem verallgemeinerten Sinne gleichzeitig, das eigene Verhalten beständig zu überdenken. Reflexion ist keine angeborene Eigenschaft, aber der Schlüssel zu einer Persönlichkeit, die einer positiven Dynamik unterliegt.

5. *„Erzieherinnen unterstützen Kinder, ihre Phantasie und ihre schöpferischen Kräfte im Spiel zu entfalten und sich die Welt in der ihrer Entwicklung gemäßen Weise anzueignen."* *(Preissing & Heller 2016, 7-8)*

Natürlich ist die realitätsnahe Erfahrung stets der künstlichen vorzuziehen, nichtsdestotrotz bleiben Kreativität und Phantasie, zu deren Ausleben jedes Kind immer angeregt werden sollte, in beiden Kontexten stets die treibenden Kräfte einer individuellen Verarbeitungs- und auch Interpretationsweise, welche die Erzieherinnen und Erzieher aufmerksam beobachten sollten, um sich der Zugänge bewusst zu werden, die sich jedes Kind selbst erarbeitet. Nur so kann auch ein Eindruck von all den Dingen entstehen, die das Kind aktuell beschäftigen. (Preissing & Heller 2016, 7-8)

6. *„Erzieherinnen ermöglichen, dass jüngere und ältere Kinder im gemeinsamen Tun ihre vielseitigen Erfahrungen und Kompetenzen aufeinander beziehen und sich dadurch in ihrer Entwicklung gegenseitig stützen können."* *(Preissing & Heller 2016, 7-8)*

Die Besonderheit von Kindern untereinander ist, dass sie sich ohne große Anstrengung in einer Weise ergänzen, die nicht nur für die Harmonie der kindlichen Gemeinschaft wünschenswert ist, sondern die gleichzeitig auch auf das spätere Leben, in welchem ein gesellschaftliches Miteinander extrem wichtig ist, vorbereitet. Fachkräfte können solche altersgemischten Gruppen bewusst zusammenstellen und natürlich auch das Verhältnis von Gleichaltrigen fördern, jedoch sorgt gerade ein natürliches Beziehungsgefüge, dessen Grundsätze die Kleinen natürlich und allmählich aus der Welt der Erwachsenen entnehmen, dafür, dass jüngere nicht nur einen besonderen Schutz, sondern auch Hilfestellungen durch die älteren Kinder erfahren. Es entsteht ein Lerneffekt in beide Richtungen: Die Jüngeren lernen von Älteren und auch umgekehrt, da unterschiedliche Methoden und Zugänge immer wieder inspirieren und auch bleibende Eindrücke im Gedächtnis der Kinder hinterlassen.

7. *„Erzieherinnen unterstützen Kinder in ihrer Selbständigkeitsentwicklung, indem sie ihnen ermöglichen, das Leben in der Kindertageseinrichtung aktiv mitzugestalten."* *(Preissing & Heller 2016, 7-8)*

Selbst- und Mitbestimmung sind im Kontext frühkindlicher Entwicklung Parameter von größter Wichtigkeit, denn Kinder haben dazu nicht nur ein natürliches Recht, das keine Begründung erfordert, sondern darüber hinaus sind es auch Aspekte, die bei entsprechender Förderung dazu führen, dass die Kinder selbst aktiv werden. Sie dürfen nicht nur, sie können und sie wollen sich auch beteiligen: So reift eine Persönlichkeit heran, die ein gesundes Selbstbewußtsein auch auf der Basis von Zutrauen und Vertrauen entwickelt. Erzieherinnen und Erzieher halten Rücksprache mit den Kindern, beteiligen sie und fordern auch gezielt dazu auf, mitzuentscheiden und selbst tätig zu werden. So entsteht eine Atmosphäre, in der jedes Kind sich frei entfalten kann.

8. *„Im täglichen Zusammenleben findet eine bewusste Auseinandersetzung mit Werten und Normen statt. Regeln werden gemeinsam mit Kindern vereinbart." (Preissing & Heller 2016, 7-8)*

Es sind natürlich die Kinder, denen gesellschaftliche Regeln und Normen erst mit der Zeit geläufig werden. In der täglichen Auseinandersetzung kommt es durchaus zu Konflikten, in deren Rahmen die Kinder jedoch eben solche Regularien für sich herausfinden und auch nachvollziehen können. Pädagoginnen und Pädagogen ergründen mit den Kindern gemeinsam, warum und wofür solche Regeln existieren und helfen ihnen bei der Einordnung. Im Alltag eines Kindergartens ist es gerade auch diese Reflexion, die nicht nur hilft, gesellschaftliche Grenzen, Normen und Werte kennenzulernen, sondern diese auch immer tiefer zu verinnerlichen. So entstehen gerade im Alltag der Kindertageseinrichtung auch Regeln, die nur im Kindergarten existieren und die deshalb gemeinsam mit den Kindern verabschiedet werden sollten, damit sie selbst die zugrundeliegende Logik nachvollziehen können und diese dann auch selbstverständlich nach außen vertreten.

9. *„Die Arbeit in der Kindertageseinrichtung orientiert sich an Anforderungen und Chancen*

einer Gesellschaft, die durch verschiedene Kulturen geprägt ist." (Preissing & Heller 2016, 7-8)

Migration und Inklusion, die sich nicht länger nur auf Menschen mit Behinderung bezieht, sind die leuchtenden Überschriften unseres heutigen Zusammenlebens – und es sind vor allem die nachwachsenden Generationen, die vermehrt das Potenzial dazu haben, in diesen toleranten Umgang miteinander hineinzuwachsen. Sie profitieren von Anfang an von ihren Unterschieden, indem sie voneinander lernen und sich gegenseitig helfen. Sollte es doch zu Vorurteilen und Diskriminierungen unter den Kindern kommen, so stellt dies eine Situation für die Erzieherinnen und Erzieher dar, die unbedingt mit bekannter frühpädagogischer Expertise aufgegriffen werden muss. Gerade solche Situationen geben Anlass dazu, über Unterschiede noch einmal aufzuklären und die Kinder zu einer aktiven Auseinandersetzung anzuregen – natürlich auch von solchen unschönen Momenten losgelöst zu jedem anderen Zeitpunkt. Darüber hinaus können Kinder aus unterschiedlichen Kulturen stets das jeweils Fremdartige voneinander erfahren und verstehen lernen, damit aus scheinbar gegensätzlichen Ansichten solche werden, die gleichberechtigt nebeneinander stehen.

10. *„Die Kindertageseinrichtung integriert Kinder mit Behinderungen, unterschiedlichen*

Entwicklungsvoraussetzungen und Förderbedarf und wendet sich gegen Ausgrenzung." (Preissing & Heller 2016, 7-8)

Nochmals ist es die Inklusion die hier vordergründig wird, aber explizit in Bezug auf Menschen mit körperlichem und / oder geistigem Handicap. Das Fachpersonal sorgt nicht nur dafür, dass betroffene Kinder eine gezielte Förderung erhalten, sondern auch dafür, dass alle Kinder solche individuellen Unterschiede als Bereicherung erfahren. Der Kontakt untereinander wird gefördert, damit das Zusammenleben aller Kinder – egal mit welchen Voraussetzungen sie ausgestattet sind – zur Selbstverständlichkeit wird. Auch hier wird Vorurteilen und Diskriminierungen beständig in Form von Aufklärungsarbeit begegnet.

11. *„Räume und ihre Gestaltung stimulieren das eigenaktive und kreative Tun der Kinder in einem anregungsreichen Milieu." (Preissing & Heller 2016, 7-8)*

Alle Räume, in denen die Kinder sich aufhalten, sollten stets so gestaltet sein, dass die Kinder genügend Anreize bekommen. Die Kleinen sollten durch das Vorstellen verschiedenster Themenfelder, wie etwa den Kulturen, den Wissenschaften oder auch den kreativen und die Natur betreffenden Bereiche inspiriert werden, wobei möglichst alle Sinne angesprochen werden sollten. Auf diese Weise werden die kindliche Neugier, die Experimentierfreude und auch der Forschergeist angeregt, welche die Kinder in solchen Räumen voll ausleben können. Dabei zieht sich auch hier die Möglichkeit zur Mitgestaltung durch die Kinder wie ein roter Faden durch diesen Aspekt.

12. „Erzieherinnen sind Lehrende und Lernende zugleich." (Preissing & Heller 2016, 7-8)

Ein ganz wichtiger Punkt, denn auch wenn Unterschiede, die auf Alter und Entwicklungsstand zurückgehen, gerade zwischen den Kindern und den erwachsenen Betreuerinnen und Betreuern nicht größer sein könnten, so ist es doch der gleichberechtigende und respektvolle Umgang miteinander, der dafür sorgt, dass die Kleinen sich ernst genommen fühlen. Hier gilt mehr denn je, dass die Erwachsenen sich und ihr Handeln, vor allem das in Bezug auf die Kinder, unablässig reflektieren. Sie erkennen die Bereicherung, die sie durch die kindliche Perspektive erfahren, für sich selbst und nutzen diese natürlich, um das Bild, das sie von jedem Kind haben, stets auszuweiten. Darüber hinaus bilden die Fachkräfte sich regelmäßig fort, um durch einen aufgefrischten Kenntnisstand hinsichtlich frühpädagogischer Forschung den Kleinen eine optimale Förderung und Forderung zukommen lassen zu können.

13. *"Eltern und Erzieherinnen sind Partner in der Betreuung, Bildung und Erziehung der Kinder."* (Preissing & Heller 2016, 7-8)

Es steht völlig außer Frage, dass die Eltern als Sorgeberechtigte und Bezugspersonen der Kinder mit den Pädagoginnen und Pädagogen im regen Austausch stehen müssen und darüber hinaus auch in das Geschehen einbezogen werden. Auf beiden Seiten vervollständigt sich so ein Bild vom Kind, das sich aus verschiedenen Lebenswelten zusammensetzt, in welches jeweils eine Partei, Eltern oder das Personal der Kindertageseinrichtung, keinen direkten Einblick hat.

14. *„Die Kindertageseinrichtung entwickelt enge Beziehungen zum sozial-räumlichen Umfeld."* (Preissing & Heller 2016, 7-8)

Als Ort, an dem Kinder im Mittelpunkt einer frühkindlichen Pädagogik stehen, ist der Kindergarten eine Einrichtung, die sich für weitere Anregungen aus dem sozialen Raum nicht nur öffnet, sondern Partnerschaften und Kooperationen mit anderen Organisationen aus dem kulturellen, wirtschaftlichen, sozialen oder gesellschaftlichen Bereich aktiv unterstützt. Hierdurch wird den Kindern auf einer weiteren und auch höheren Ebene die aktive Mitgestaltung an Prozessen des Gemeinwesens ermöglicht.

15. *„Die pädagogische Arbeit beruht auf Situationsanalysen und folgt einer prozesshaften Planung. Sie wird fortlaufend dokumentiert."* (Preissing & Heller 2016, 7-8)

Die Kinder werden stets in all den unterschiedlichen Situationen und Kontexten gesehen, in denen sie sich auf ihre Weise entfalten. Eine genaue Analyse solcher Schlüsselsituationen gibt Aufschluss auch über die weitere pädagogische Arbeit, die in Kooperation mit den Eltern, anderem Fachpersonal und natürlich den Kindern selbst abgesprochen wird. Durch die Dokumentation einer solchen Gestaltung und Begleitung wird die Entwicklung des Kindes nicht nur in ihrem Verlauf nachvollziehbar, sondern es wird auch die so wichtige Reflexion bisheriger und zukünftiger pädagogischer Prozesse unterstützt.

16. *„Die Kindertageseinrichtung ist eine lernende Organisation."* (Preissing & Heller 2016, 7-8)

Die Kindertageseinrichtung als solche weist natürlich gewisse Strukturen auf, die aber insgesamt durch die einzelnen Erzieherinnen und Erzieher aufleben. Jeder Einzelne von ihnen versteht sich als gleichberechtigtes Mitglied in einem großen Team, durch dessen gemeinsame Ideen und Bestrebungen die Kita beständig zu einer umsichtigen, kompetenten und reflektierten Einrichtung avanciert. Herausforderungen werden selbstsicher angenommen, Veränderungen werden im Sinne einer Option zur Verbesserung gesehen und der Austausch mit Eltern und anderen Experten stärkt die grundlegenden und konzeptionellen Grundgedanken der Kindertageseinrichtung.

Hier wird das ganze Spektrum einer frühpädagogischen Arbeit klar, die sich einst auf den Weg machte, das Kind und dessen Bedürfnisse in den Mittelpunkt zu stellen und es ist genau dieser klare Gedanke, der in der Komplexität dieser Ausführungen keineswegs untergeht, sondern in all seinen Facetten beleuchtet und dargestellt wird. Die Arbeit mit Kindern zählt zu den vielfältigsten und herausforderndsten überhaupt, wenn bedacht wird, dass hier Grundsteine gelegt werden, die ein ganzes Leben stützen – und wird zusätzlich noch bedacht, dass das Unterbewusstsein von Kindern bis zum 7. Lebensjahr wesentlich sensibler auf Reize reagiert als das von Erwachsenen, dann wird klar, welche Besonderheit vor allem dem beruflichen Umgang mit Kindern zukommt.

Die kreative, ansprechende und auch möglichst lebensnahe Gestaltung kindlicher Lernräume zählt selbst zu einem der konzeptionellen Grundsätze und wird durch die restlichen auf eine Weise flankiert, die zur Einbeziehung möglichst vieler Komponenten kindlicher Entwicklung und auch Hintergründe aufrufen und welche ihrerseits die professionelle Arbeit mit Kindern durch eben diese Bandbreite wichtiger Aspekte schließlich in den Stand der Fachwissenschaft erhebt und auch erheben muss.

An dieser Stelle hat nun endgültig die Projektarbeit ihren Auftritt, deren Geschichtlichkeit bis hierhin verdeutlicht wurde und die sich von jenem Situationsansatz zwar nicht gänzlich lossagt, weil sie schließlich in dessen Kontext konzeptueller Grundsätze existiert; die sich aber aus der Rolle des Stiefkindes befreit und zu einem didaktischen Instrument avanciert, das es nicht nur verdient hat, eingesetzt zu werden, sondern welches als solches auch eine autonome Stellung im Lichte frühkindlicher Pädagogik einnehmen darf.

2.4 Wie der Phönix aus Asche: Die Projektarbeit nicht länger im Schatten des Situationsansatzes, sondern in dessen Lichte

Nachdem nun die Projektarbeit anfänglich in Verruf geraten ist, eben weil sie die kindliche Lebenswelt auf Ordner projizierte, die es abzuarbeiten galt, ist sie heutzutage von dieser Definition befreit und trägt nun ihre Früchte auf dem Nährboden des konzeptualisierten Situationsansatzes. So entfaltet sich die Projektarbeit zu einer didaktischen Strategie, die ein solches omnipotentes Potenzial zugesprochen bekommt, auf welches sie immer schon ein Anrecht hatte – einfach, weil es ihre Natur ist: Projekte sind in jeder Hinsicht live und keine kopierten Lebenswelten, die der Realität nachstehen. Hand in Hand mit dem Situationsansatz gehend, entstehen Projekte auf vielerlei Weisen, denen alle ein Merkmal gemeinsam ist: Die Kinder können nicht nur selbst die Initiatoren eines solchen Projektes sein, das aus einer ganz alltäglichen Situation entstehen kann, sondern werden aktiv in dessen Gestaltung und Verlauf einbezogen. Damit wird im Rahmen des Gefüges rund um den Situationsansatz und der Projektarbeit ein Aspekt generiert, der entscheidend zu deren Lossagung aus einem veralteten Verhältnis beiträgt, denn die Kinder bestimmen mit – mal mehr und auch mal weniger bewusst. Es geht nicht länger darum, einzelne Projekte in Form von Ordnern aus dem Regal zu nehmen, sondern diese als Reaktion auf die Wünsche und Bedürfnisse der Kinder geplant oder auch spontan zu starten. Dadurch wird die Projektarbeit von dem Ruf befreit, sich erstens nur dem Lernen von auferlegten Inhalten zu widmen und zweitens das Leben bloß zu verhackstücken. Inhalte von Projekten sind auch nicht mit der eingangs erwähnten Spielküche in Verbindung zu bringen, welche den Kindern eine Realität nur vorgaukelt, indem sie diese ausschließlich nachahmt, sondern können auch für kleine Kinder den Anspruch auf Lebensnähe bewahren.

Es ist nun an der Zeit, die Projektarbeit wiederzubeleben, als eine Art Meta-Methode, die nicht nur weitere Methoden mit sich bringt und allein schon deswegen vielseitig und abwechslungsreich ist, sondern die das Lernen aufgrund der vielen

Zugangsmöglichkeiten zu einer Thematik erleichtert, dadurch automatisch auch vertieft und die darüber hinaus Kinder schon früh zu Koordinatoren befördert, die mehr als nur das Recht dazu haben, eigene Interessen auf ihrem lebenslangen Weg des Lernens einzubringen.

Selbstverständlich gibt es konkrete Vorstellungen dazu, wie die Bildung geartet sein muss, welche den Kindern der untersten Altersstufen zukommen und die als Grundstein für das weitere, angesprochene lebenslange Lernen dienen soll. Für den Kindergarten ist der Bildungsauftrag in zehn Bereiche eingeteilt, die als direkte und auch als rückbezügliche Quelle für Projektarbeiten fungieren.

2.5 Die Bildungsbereiche im Kindergarten

Es wurde bereits aufgegriffen, dass Entwicklung und die Fähigkeit zu lernen dem menschlichen Wesen angeboren sind. Schon Babys entwickeln sich von Tag zu Tag weiter und vor allem in diesen anfänglichen Lebensjahren sind die Schritte, die sie innerhalb kürzester Zeit vollziehen, enorm. Dabei ist dieser Prozess völlig individuell: Manche Babys drehen sich schon mit drei Monaten vom Rücken auf den Bauch, andere erst mit sechs Monaten. Wiederum andere krabbeln zu diesem Zeitpunkt bereits, während eine weitere Gruppe das Krabbeln durch eine ganz eigene Art der Fortbewegung ersetzt. Genauso sprechen manche Kinder mit zwei Jahren schon Sätze und andere beginnen im Alter von drei Jahren mit ersten Wörtern.

Vergleichbarkeit innerhalb der einzelnen Altersgruppen befördert dann eine Norm ans Tageslicht, die mit erlaubten Abweichungen nach oben sowie nach unten aufzeigt, welche Entwicklung als gesund angesehen wird. Dieses Vorgehen zieht sich wie ein roter Faden durch alle Altersstufen, in welchen Entwicklung zunehmend komplexer wird, da die Kinder ihre Fähigkeiten und Sinne immer weiterentwickeln.

Für Pädagoginnen und Pädagogen besteht im Umfeld des Kindergartens daher von Anfang an die Herausforderung darin, die frühkindliche Entwicklung einerseits vor dem Hintergrund anthropologisch-medizinischer Aspekte einzuordnen, zu überwachen und zu begleiten, dabei aber auch ihrer individuellen Eigenheit Raum zu geben und diese andererseits auch vor dem Hintergrund eines Bildungsauftrages einzuordnen.

Daher ist es so manches Mal sicherlich ein Spagat in Bezug auf die Vielzahl der zu betreuenden Kinder, aber grundsätzlich doch ein harmonisches Miteinander von individueller Entwicklung und den Anforderungen, die sich aus dem Bildungsgedanken ergeben; denn auch wenn die individuelle Entwicklung vordergründig ist, verleihen die Bildungsbereiche gezielter Förderung und Forderung einen Kontext, welcher wiederum all jenen Bereichen entspringt, die in ihrer Gesamtheit für ein die Besonderheiten des Lebens umfassendes Lernen garantieren. Auf diese Weise fließen die konkreten Bildungsbereiche in die Analyse von Schlüsselsituationen mit ein, die auf deren Basis in einen größeren Sinnzusammenhang eingeordnet werden können. Die Fachkräfte sind durch die genaue Kenntnis der Bildungsbereiche in der Lage, die Neugier, die von jedem Kind ausgeht, für diese Kategorien fruchtbar zu machen und erhalten die Sicherheit, die Kinder in Bereichen zu bilden und zu fördern, die einem interdisziplinären Konsens unterliegen:

1.   *Bewegung*

„Bewegung ist eine elementare Form des Denkens." und es ist genau diese Erkenntnis, welcher der Aussage von Jean Piaget noch heute Gültigkeit verleiht. Indem Kinder sich bewegen, begreifen sie die Welt mit allen Sinnen, denn sie verbessern in Form von Bewegungsspielen nicht nur ihre Motorik, sondern ahmen mit ihren Bewegungen auch abstrakte Dinge nach. Darüber hinaus ist Bewegung natürlich der Schlüssel zu einer körperlichen Gesundheit und Fitness, die zu kognitiver Leistung überhaupt erst befähigt und die auch die mentale Harmonie begünstigt.

2.   *Sprache und Kommunikation*

Sich anderen mitteilen zu können ist eine zentrale Fähigkeit, die es ermöglicht, Bedürfnisse zu äußern. Kinder befinden sich dahingehend in einer beständigen Phase des Lernens, denn sie üben nicht nur das physiologische Aussprechen der Laute, sondern erweitern auch permanent ihren Wortschatz und bewältigen schrittweise die Anforderung Sprache situativ, also gemäß den jeweiligen Kontexten anzuwenden. Die Fachkräfte fordern und fördern diesen Prozess, indem sie immer wieder Anreize schaffen, in denen das individuelle Sprachvermögen trainiert und dadurch verbessert werden kann. Eine besondere Berücksichtigung müssen Kinder erfahren, deren Muttersprache eine andere ist und die somit zweisprachig aufwachsen.

3. *Körper, Gesundheit und Ernährung*

Dieser Aspekt ist eng mit jenem der „Bewegung" verknüpft, denn diese fließt natürlich maßgeblich in die Gesunderhaltung des Körpers mit ein. Daneben ist die Ernährung eine Komponente, die absolut ausschlaggebend ist. Viele Kinder sind nicht nur aufgrund von mangelnder Bewegung adipös, sondern legen zusätzlich durch fettlastige Speisen an Gewicht zu. Ein enger Austausch mit den Eltern ist vor allem auch im Zusammenhang mit dieser Thematik unerlässlich, aber der Kindergarten kann natürlich durch entsprechende Thementage und das Bereitstellen gesunder Ernährung die Kinder immer wieder aufklären, schulen und erinnern. Selbstverständlich stellt die

Kindertageseinrichtung gesunde Speisen bereit und achtet in diesem Sinne auf eine ausgewogene Ernährung. Das Trio Körper-Gesundheit-Ernährung steht aber auch im Zeichen einer mentalen Gesundheit, die einerseits automatisch durch Bewegung und gesunde Ernährung schon erreicht wird, die aber andererseits vor dem Hintergrund eines von Medien und anderen Reizen dominierten Alltags aktiv, zum Beispiel durch Achtsamkeitsübungen, unterstützt werden muss.

4. Soziale und (inter-)kulturelle Bildung

Das gesellschaftliche Zusammenleben und die Begegnung verschiedener Kulturen prägt den Prozess der Heranreifung einer selbstbewussten, resilienten und umsichtigen Persönlichkeit. Fachkräfte fördern daher das Potenzial der Kinder, eigene Bedürfnisse zu behaupten und betten diese Fähigkeit in die gleichzeitige Anforderung ein, auf andere Rücksicht zu nehmen sowie auch fremdartigen Kulturen gegenüber offen zu sein. Konfliktsituationen werden gemeinsam bewältigt und führen im Nachhinein stets zu einer Erkenntnis, die mit der Anerkennung anderer Werte einhergeht – und es entsteht ein Miteinander, das den Weg auch für Toleranz und Offenheit ebnet.

5. Musisch-ästhetische Bildung

Kinderlieder und auch Bastelarbeiten sind aus

dem Leben der Kleinen nicht wegzudenken und in einer entsprechend Anreize schaffenden Umgebung können sie ihre Kreativität ungehemmt ausleben. Während der gestalterischen Arbeit wird die Feinmotorik ganz nebenbei trainiert und das Gefühl für den musikalischen Rhythmus, das durch die Nutzung verschiedenster Instrumente und natürlich in Kombination mit Bewegung verstärkt wird, kann heranreifen. Das Einbinden von Naturmaterialien und anderer ungewohnter Utensilien im künstlerischen wie musikalischen Bereich bietet den Kindern die Möglichkeit schöpferische Ideen nicht nur zu entwickeln, sondern auch zu verwirklichen. Hierdurch etabliert sich im Verlauf der Zeit ein Sinn für Innovationen, der den Kleinen auch dabei helfen wird, Probleme kreativ zu lösen.

6. Religion und Ethik

Die ersten Erfahrungen mit Religion sammeln die Kinder zumeist in der Kindertageseinrichtung, die oft einen religiösen Träger hat; aber auch religiöse familiäre Umfelder führen zu Fragen, welche die Kinder stellen. Die Aufklärungsarbeit, welche dahingehend seitens des Kindergartens geleistet wird, steht natürlich im Zeichen einer Zeit, in der viele Religionen gleichberechtigt nebeneinander existieren und die ihrerseits mit verschiedenen Symbolen, Gebäuden, Festen und Brauchtümern einhergehen. Den Kindern sollten alle Glaubensrichtungen *vorgestellt werden, auch, indem sie von einem aktiven Austausch mit andersgläubigen Kindern profitieren. Gleichwohl sollte auch eine rein weltanschauliche Überzeugung Berücksichtigung finden, in der es keine Gottheit oder Götter gibt. Ethische Haltungen entwickeln die meisten Kinder im Lauf der Zeit automatisch, wenn sie beispielsweise kritisieren, dass Menschen rücksichtslos Abfall in die Umwelt werfen. Das Aufzeigen ethischer Grundsätze ergibt sich oftmals spontan und vor allem auch aus Konfliktsituationen, die dann auch für die gesamte Gemeinschaft thematisiert werden können.*

7. *Mathematische Bildung*

Im Umfeld der Kindertageseinrichtung spielen einfache Zahlen schon von Anfang an eine Rolle, vor allem in Liedern, Reimen und auch in vielen Spielen. Jeden Tag werden die Kinder daher mit der Welt der Zahlen konfrontiert, die als Teilbereich der Mathematik ein Instrumentarium zur Bewältigung alltäglicher Mengenverhältnisse bietet. Bei den Jüngsten wird der erste Bezug durch die kleinen Fingerchen hergestellt, mit denen sehr gern das eigene Alter angezeigt wird. Spielerisch bauen die Kinder so ein Verhältnis zum Bereich der Mathematik auf, dem natürlich auch die Geometrie mit ihren Formen entspringt und der insgesamt als logische Wissenschaft entsprechende Denkmuster bei den Kindern fördert. Individuelle Problemlösestra-tegien werden durch die Komponente der Mathematisierung ergänzt und etabliert. In diesem Sinne werden sie auch auf die ersten rechnerischen Schritte in der Grundschule optimal vorbereitet.

8. Naturwissenschaftlich-technische Bildung

Hier sind es allem voran gewiss die Experimente, die kindlichen Forschergeist und Neugierde anspornen. Physik, Chemie und auch Biologie sind im Einzelnen die Disziplinen, die der Naturwissenschaft zugrunde liegen und welche die Kinder selbst erleben können. Phänomene und auch Gesetze der Natur lassen sich durch viele experimentelle Aufgabenstellungen auch schon für die Kleinsten hautnah nachvollziehen, während die Tiere und Pflanzen jederzeit und unmittelbar gleich vor der Türe beobachtet und für kleine Forschungsarbeiten herangezogen werden können. Kinder sollen für diesen Bereich begeistert werden und durch gezielte Anreize auch eine Faszination für die Naturwissenschaften entwickeln, denn „[d]er Beginn aller Wissenschaften ist das Erstaunen, daß die Dinge sind, wie sie sind". (Aristoteles)

9. Ökologische Bildung

Ökologischer Einklang ist eine Besonderheit der Natur, welchen die Kinder bald schon selbst wahrnehmen, wenn sie die Möglichkeit bekommen, all die Abläufe in Flora und Fauna zu beobachten. Mit der Unterstützung der Pädagoginnen und Pädagogen lernen sie diese zu verstehen und allmählich in größere Kontexte einzuordnen. Die Rolle, die der Mensch in diesem Zusammenhang spielt, sei es im Rahmen landwirtschaftlicher Prozesse, oder aber im Kontext der Umweltverschmutzung in jedweder Form, wird den Kindern durch eine aktive Auseinandersetzung verdeutlicht. Im Zeichen unserer Zeit steht inzwischen ein künstlich herbeigeführter Klimawandel, der viele Probleme nach sich zieht. Daher ist eine heranwachsende Generation, die für Nachhaltigkeit sensibilisiert wird, noch die größte Waffe gegen den negativen Einfluss, den der Mensch bislang auf die Natur hatte. In Form vieler Untersuchungen und Selbstexperimente können die Kinder auf ihren Verbrauch aufmerksam gemacht werden, woraufhin die Fachkräfte ihnen nachhaltige Alternativen aufzeigen. Hieraus entsteht ein ebenso nachhaltiger und konstanter Austausch mit den Kindern, welche das Bewusstsein für ökologische Fragestellungen alsbald verinnerlichen.

10. Medien

Medien sind heutzutage eine Komponente, die das Leben maßgeblich beeinflussen. Wo sie einerseits für Entlastung und Vereinfachung sorgen, rauben sie auf der anderen Seite bei unsachgemäßem Gebrauch nicht nur

Lebenszeit, sondern auch den Raum für eigene, kreative, gar phantasievolle Ideen. Wichtig ist aus diesem Grunde die frühe Ausbildung einer Medienkompetenz, um frühzeitig ein Gespür dafür zu entwickeln, welche Vor- und welche Nachteile Medien für den Menschen haben. Erzieherinnen und Erzieher legen einen besonderen Wert darauf, dass die Kleinen erfahren, welche Medien sie gezielt für ihre Zwecke einsetzen können. In diesem Zusammenhang ist es natürlich unerlässlich und auch im Kontext der digitalisierten und im Zeichen der Globalisierung stehenden Welt, dass die Kinder den Umgang mit Medien erlernen und sich als deren Gestalter verstehen.

Auch dem Austausch mit den Eltern kommt ein hoher Stellenwert zu, da es auch diese betrifft, die ihren Kindern einen reflektierten Umgang mit Medien vorleben sollten.

Es sind nun diese zehn Bildungsbereiche, auf die jedes Kind ein Recht hat und welches mit seiner ganz eigenen Persönlichkeit, seinen Bedürfnissen und seinen Eigenheiten im Mittelpunkt dieses Bildungsauftrages steht.

Vor all diesen grundlegenden Hintergründen zeichnet sich im folgenden Kapitel nun das Wesen der Projektarbeit ab, welcher – mit wenigen Worten beschrieben – ein ganzheitlicher, beteiligender und interdisziplinärer Lernprozess mit eindeutigem Bezug zur Realität inhärent ist.

3 | Projektarbeit aus einer zeitgemäßen Perspektive: eine didaktische Strategie

Die frühkindliche Pädagogik hat sich über die Jahrzehnte weiterentwickelt. Glücklicherweise ist dem Wesen einer solchen Fachwissenschaft geschuldet, dass Grundsätze und Prinzipien immerwährend aus vielen forschenden Perspektiven reflektiert werden, damit die Theorie sich in diesem Falle immer mehr den Ansprüchen des sehr jungen Kindes nicht nur annähern kann, sondern im besten Fall mit diesen deckungsgleich ist.

Projektarbeit wird in diesem Sinne heutzutage als ein solcher didaktischer Ansatz verstanden, der die Bedürfnisse der Kinder nach Partizipation und Lebensnähe priorisiert. Sie gilt als ein Instrument, welches auch als „Meta-Methode" charakterisiert ist:

Mit der Hilfe vieler verschiedener didaktisch und frühpädagogisch wertvoller Methoden wird eine bestimmte Thematik ergründet, die zusätzlich im Kontext aller Bildungsbereiche eingeordnet werden sollte. Dabei stehen die Kinder als Initiatoren und Gestalter stets im Mittelpunkt einer solchen Projektarbeit, deren Qualität auch darin liegt, alle zehn Bildungsbereiche zu vernetzen und eine damit verbundene simultane Förderung aller grundlegenden Kompetenzen, in welchen die Kinder nachhaltig gestärkt werden sollen, zu gewährleisten.

Die Projektarbeit ist den Bildungsplänen demnach als konkrete didaktische Strategie, also als eine Inhalte, Fähigkeiten sowie Fertigkeiten ver- und übermittelnde Arbeitsweise direkt nachgeschaltet, die bei der Ausbildung der geforderten sozialen, intra- und interkulturellen, fachlichen und persönlichkeitsbildenden Kompetenzen hilft, in welchem Zuge den Kindern viele Möglichkeiten zur angestrebten gesellschaftlichen Teilhabe ermöglicht werden.

Die Kinder lernen Verantwortung nicht nur für sich, sondern auch für andere zu übernehmen und gestalten sämtliche Situationen aktiv mit. Die Kleinen vertreten ihre eigenen Interessen, indem sie sich einbringen, sich austauschen und erhalten durch das Lösen von Problemen einen ganz besonderen Lerneffekt.

Doch auch die Fachkräfte erfahren durch die Projektarbeit eine Erweiterung ihrer Professionalisierung, da sie zunehmend lernen, die Bildungsbereiche in ihrer Gesamtheit zu erkennen, weshalb ihre pädagogische Arbeit an Flexibilität, Dynamik und natürlich auch an Erfahrung dazugewinnt.

Projektarbeit ist ebenso im Kontext einer aktuellen Realität zu sehen, welche durch die Globalisierung zu einer Fokussierung handlungsorientierter Ausbildung führt: Vor dem Hintergrund der Schnelllebigkeit sind natürlich die Kommunikation, aber auch die Kooperation sowie auch die Kreativität Aspekte, die im Zeichen pragmatischer Lösungsansätze, wie sie durch die Projektarbeit gefördert werden, stehen.

Projektarbeit geht mit einem ganzheitlichen und damit sehr produktiven Lernen einher, wobei sich ihre Effizienz auch darin zeigt, dass sie die Bildungsbereiche zu verbinden weiß. Endlich avanciert sie zu dem, was sie eigentlich ist: eine omnipotente didaktische Strategie, welche die Bildungsbereiche, die Bedürfnisse der Kinder als auch der Fachkräfte sowie die Anforderungen, welche die Globalisierung mit sich bringt und damit auch Lebensnähe symbiotisch zu vereinen weiß.

3.1 Definition: Was ist eigentlich ein Projekt?

Nachdem im vorangegangenen Kapitel das Wesen der Projektarbeit vorgestellt wurde, gilt es nun sich dem anzunähern, was ein Projekt eigentlich ist.

Es ist ein Begriff, der in vieler Munde ist und der nicht immer mit übereinstimmender, also gleicher Bedeutung gemeint ist. Schnell droht dann eine inflationäre Verwendung, durch welche am Ende die eigentliche Bedeutung eines Projekts in einem undurchdringlichen Nebel verschwindet. Gerade in einem fachwissenschaftlichen Diskurs ist es daher unerlässlich, verwendete Termini im Vorhinein zu definieren.

Im Rahmen von Projekten steht also im Mittelpunkt eine Thematik, von welcher (bildungs-)bereichsübergreifende Verbindungen ausgehen und welche somit in übergeordnete und größere Kontexte eingebettet wird.

Hierzu setzt sich eine Gruppe von interessierten und lernenden Kindern sowie auch Erwachsenen intensiv mit assoziierten Frage- und Problemstellungen auseinander, die in Verbindung zum Thema auftreten und welche gemeinsam erschlossen werden.

Schließlich können die im Voraus ausgewählten und vielfältigen Arbeiten, die durch ganzheitliche Zugänge gestaltet sind, zur Erschließung des Themas innerhalb der Gruppe aufgeteilt werden. Hierdurch werden zahlreiche kreative Ergebnisse und auch Erkenntnisse möglich: Zentral sind hier vor allem primäre, also realistische Erfahrungen, damit den Kindern nicht nur über vermittelnde Methoden ein Eindruck von der Realität ermöglicht wird, sondern die auf diese Weise unmittelbar erfahrbar wird.

Ein Projekt verläuft zwar im Rahmen einer alltäglichen Arbeit, hebt sich jedoch insgesamt durch den längeren Zeitraum, in welchem es umfangreich bearbeitet wird, von täglichen und für sich alleine stehenden Aktivitäten ab.

Darüber hinaus hat ein Projekt in Bezug auf seine Struktur ein sehr typisches Charakteristikum: Es ist in Phasen unterteilt, welche die Lerngruppe keineswegs in ihrer Spontaneität einschränken, sondern das gesamte Wesen eines Projekts in seiner Bandbreite übersichtlich darstellen und in diesem Sinne als Gerüst dieses didaktischen Konstrukts zu verstehen sind.

In der Literatur finden sich Definitionen eines Projekts, die zumeist nicht mit grundlegend anderen Phasen, aber doch mit unterschiedlich vielen einhergehen. Es wird durch diesen Umstand nochmals offenkundig, wie wichtig daher die genaue Begriffsbestimmung im Kontext der frühkindlichen Pädagogik ist. Obschon die Phasen, die in verschiedenen Definitionen genannt werden, sich nicht grundlegend unterscheiden, so erscheinen sie oftmals jedoch in abgespeckter Form:

Vorschlag, Planung, Durchführung, Auswertung.

Dies ist natürlich eine sehr minimalistische Unterteilung, mit welcher Experten der unterschied-lichsten Sparten sicherlich etwas anzufangen wissen. Da nun Pädagoginnen und Pädagogen ebenso Experten auf ihrem Gebiet sind, so wird ihnen diese Kompetenz nicht abgesprochen, sondern die feinere und damit differenzierte Abstufung der Phasen, die im Folgenden offensichtlich wird, dient der genauesten Reflexion eines solchen Projekts, dessen einzelne Stufen schließlich auch Kinder durchlaufen; daher liegt es im Interesse des pädagogischen Personals so detailliert wie möglich zu erfahren, welches Potenzial für unterschiedlichste Lernerfahrungen in einem solchen Projekt steckt.

In diesem Kontext, der schließlich ein pädagogischer ist, sollen folgende Phasen die Struktur eines Projekts festlegen und damit diese Definition abrunden:

1.	Initiationsphase
2.	Entscheidungsphase
3.	Planungsphase: Erstellung von Projektentwurf und Ablaufplan
4.	Vorbereitungsphase
5.	Phase der Durchführung mit Reflexionen
6.	Präsentation der Ergebnisse
7.	Evaluationsphase

3.1.1 Die Initiationsphase

Diese Phase legt den Grundstein eines jeden

Projekts.

Irgendwie wird irgendwann und irgendwo von irgendjemandem aus dem Bereich der Kindertagesstätte die Idee geboren, von der vielleicht noch nicht klar ist, dass sie Ausgangspunkt für ein Projekt sein wird. Dabei muss es nicht ausschließlich so sein, dass entweder ein Erwachsener oder ein Kind die Idee für ein Projekt explizit äußert; denn denkbar ist auch eine Situation, die spontan zur initialen Inspiration wird.

Ein Projekt kann demnach bewusst geplant werden, indem gemeinsam entschieden wird, dass eine Projektarbeit durchgeführt werden soll, oder auch ad hoc entstehen, indem das Thema kurzfristig einer Situation entnommen wird.

So kann es eine Fachkraft sein, welche – ausgelöst durch eine bestimmte Situation daran erinnert wird, wie genau diese sich in letzter Zeit gehäuft hat oder auch dadurch, dass sie die Situation in ihrer Singularität betrachtet und deren Bedeutung für die Gemeinschaft erkennt – die Motivation verspürt, zur Aufarbeitung dieses Moments eine Projektarbeit zu nutzen.

Es kann aber auch ein Kind sein, welches das starke Interesse an einem Thema bekundet, sei es, weil es spontan und in Abhängigkeit von einer Situation plötzlich eine unstillbare Wissbegierde verspürt, oder weil es in letzter Zeit sehr oft Aspekte anspricht, die einem bestimmten Themengebiet angehören. Die Kleinen erzählen in diesem Zusammenhang gern von erlebten Momenten, stellen tief beeindruckt viele Fragen und äußern dann sehr oft auch den Wunsch, den größeren Zusammenhang des zugrunde liegenden Themas zu untersuchen. Sehen sie beispielsweise ein Flugzeug am Himmel, wird womöglich gleich nach dem Ort gefragt, an dem Flugzeuge starten und landen, oder sie entdecken ihre Leidenschaft für die großen Erntemaschinen der Landwirte, die sie vielleicht während der Erntezeit auf der Straße, die am Kindergarten oder am Wohnhaus vorbeiführt, sehen.

Solche Aktionen, um damit bei diesen beiden Beispielen zu bleiben, sind für Kinder im familiären Alltag kaum bis gar nicht möglich und ihre Faszination wird leider im Keim erstickt (werden müssen, da Eltern selten die Optionen sehen, einen solchen Wunsch zu verwirklichen). Daher kommen an dieser Stelle auch die Eltern und andere Bezugspersonen ins Spiel, welche den Vorschlag für ein Projekt tätigen können, wodurch die Projektarbeit schon in ihrer initialen Phase zu einer Möglichkeit wird, viele Personenkreise einzubeziehen, deren Ideen vor dem Hintergrund des gemeinschaftlichen Interesses für alle zu einer Bereicherung werden.

Prinzipiell sind Kinder durch ihre intrinsische

Neugier auch immer sehr offen, wenn es darum geht, auf eigene Faust zu (er-)forschen und reagieren dementsprechend wissbegierig auch auf Impulse, die von den Pädagoginnen und Pädagogen ausgehen. Diese rezipieren das Interesse, das von den Kleinen signalisiert wird und befragen auch die anderen, an einer potentiell initiierenden Situation unbeteiligten Kinder nach ihrer Einstellung zu der entsprechenden Thematik.

Entsteht die Idee für eine Projektarbeit nicht spontan, so können die Kinder auch aktiv zu ihren aktuellen Interessen interviewt werden, welche gesammelt und beispielsweise in Form einer übersichtlichen Mindmap fixiert werden können.

Egal wie der thematische Grundstein für ein Projekt letztlich entsteht – wichtig ist, dass die Gruppe gemeinsam über die Weiterverfolgung einer Idee entscheidet.

3.1.2 Die Entscheidungsphase

In dieser Phase geht es darum, dass alle Beteiligten sich entweder für die Weiterverfolgung einer Idee entscheiden, die in Konkurrenz zu keinen anderen Vorschlägen existiert, oder die erst aus mehreren Optionen ausgewählt werden muss. Hierfür kann unterstützend ein visualisierender und Übersicht bietender Flipchart hilfreich sein: Vor allem für die Kinder, die entsprechend ihres Alters noch nicht lesen können, sollten dazu natürlich Bilder verwendet werden, welche symbolisch die einzelnen Themenbereiche verdeutlichen. Eine solche Übersicht bietende und kindgerechte Darstellung hat wohlgemerkt nichts mit jener schriftlichen Mind-Map gemeinsam, die von den Fachkräften in der Initiationsphase für ihre eigenen Zwecke erstellt worden ist.

Die offene Diskussion, die im Zuge einer Entscheidungsfindung entsteht und die alle einbezieht, führt nun auf Seiten der Kinder zu einer Beteiligung, die wertvoller nicht sein könnte. Als vollwertige Mitglieder, die sich zwar jeweils in der Rolle des prinzipiell unmündigen Kindes befinden, erleben sie in diesem Kontext eine Gleichberechtigung, die sich auch mit einer Wertschätzung verbindet und welche die Kleinen besonders motiviert, ihre Vorstellungen, Bedürfnisse und auch Wünsche aktiv einzubringen. Die Kinder erfahren gleichzeitig das Wesen der Demokratie, indem sie sich gemeinsam und im Rahmen einer fairen Abstimmung für ein Thema entscheiden, welches der zukünftigen Projektarbeit zugrunde liegen soll.

Insgesamt ist es jedoch wichtig, dass die Vorschläge und Ideen im Lichte folgender Gesichtspunkte betrachtet werden, die schließlich die Qualität der zukünftigen Projektarbeit sichern:

- *im Mittelpunkt stehen natürlich die Kinder mit ihren Interessen, Wünschen und*

Bedürfnissen;

- *in Bezug auf die Heterogenität der Gruppe ist eventuell eine besondere Rücksichtnahme nötig;*

- *das Beziehungsgefüge zwischen dem Thema und dem Leben der Kinder sollte bewusst werden, damit eine entsprechende Einordnung stattfinden kann,*

- *die auch in Bezug auf die Bildungsbereiche vorgenommen werden muss, um die Projektarbeit mit dem größeren Zusammenhang des Bildungsauftrages zu verknüpfen;*

- *es sollte eingeschätzt werden, welche Möglichkeiten zum Lernen und welche besonderen Tätigkeiten sich in welchem Umfang aus dem Themenbereich ergeben;*

- *im Hinblick auf eine ganzheitliche Förderung, die auch mit den Bildungsbereichen verbunden ist, sollte überprüft werden, inwiefern das Thema durch verschiedene Zugänge erschlossen werden kann, damit die Kinder einerseits möglichst sprachliche, motorische sowie sinnliche Fähigkeiten und Fertigkeiten verbessern können und andererseits durch vielfältige Herangehensweisen und Blickwinkel das Verständnis auch vertiefen können (spiralförmiges Lernen);*

- *damit einher geht natürlich der Einsatz möglichst vieler Methoden und Medien;*

- *ebenso wichtig ist, dass die Erzieherinnen und Erzieher selbst ein Interesse am Thema haben, um ihrerseits so motiviert zu sein wie die Kinder, denn*

- *es ist als Bereicherung anzusehen, wenn die Fachkräfte eigenes Wissen und auch Erfahrungen einfließen lassen können;*

- *weiterhin ist es für die Tiefe und die Lebensnähe einer Projektarbeit wichtig abzusehen, inwiefern Eltern und auch Experten einbezogen werden können,*

- *sowie auch auszuloten, ob notwendige Materialien, Equipment sowie Ressourcen entweder zur Verfügung stehen, oder aber problemlos besorgt werden können.*

Nun ist offensichtlich, dass die Kinder bei aller Partizipation diese Fragestellungen nicht allein bewältigen können und es dürfte klar sein, dass es nicht das Ziel ist, die Kinder zu überfordern. Dies darf auch kein schmaler Grat sein, denn dann geht in Konsequenz die Motivation der Kinder genauso verloren wie auch dann, wenn die Projektarbeit ausschließlich von den Erzieherinnen und Erziehern vorgegeben werden würde. Daher ist die Vorbereitung der Fachkräfte im Hinblick auf eine solche Plenarsitzung, in der über das Thema eines

Projekts beraten wird und die also gemeinsam mit den Kindern stattfindet, nicht nur in dieser Phase, sondern auch in allen anderen sehr wertvoll. Dabei geht es nicht darum, Themenbereiche und Ideen, die den Kindern schließlich am Herzen liegen, durch eine Vorauswahl ausscheiden zu lassen, sondern genau diese für eine Projektarbeit so fruchtbar wie möglich zu machen.

So erhalten die Kinder größtmöglichen Freiraum vor dem Hintergrund einer fachlichen Vorbereitung, welche die pädagogische Qualität der Projektarbeit garantiert und in diesem Sinne dafür sorgt, dass alles beachtet wird. Die Partizipation der Kleinen geschieht also – mit anderen Worten – auf dem Nährboden frühpädagogischer Expertise, die sie sanft im Rahmen dieser ersten selbstständigen und selbstbestimmten Schritte begleitet und ihnen fachgerechte Unterstützung immer dann anbietet, wenn die Kinder diese benötigen.

Bevor die Kinder sich also gemeinsam für das Thema einer Projektarbeit beraten, sollte den Fachkräften im Vorhinein klar sein, inwieweit die vorgeschlagene(n) Idee(n) sich grundsätzlich eignen – auch wenn es, wie betont, keine solche(n) geben kann, die gar nicht in Frage komm(t)/(en), sollte deren Fassungsvermögen zuvor ausgekundschaftet werden.

– *Konnte es sodann auf dieser Basis zu einer*

> *gemeinsamen Entscheidung kommen, ist das eigentliche Projekt geboren, die ganze Vorarbeit – auch wenn diese nun konkret werden kann – aber noch nicht endgültig geleistet.*

3.1.3 Die Planungsphase: Erstellung von Projektentwurf und Ablaufplan

Erstmals steigt die Arbeitsgruppe nun konkret in die Planung der Projektarbeit ein, indem nicht nur dem wichtigen Ablaufplan Gestalt verliehen wird, sondern auch bedeutsame Rahmenbedingungen fixiert werden. Hier startet auch die Dokumentation der gesamten Projektarbeit, um am Ende deren Analyse zu erleichtern und das Projekt zu jeder Zeit in all seinen Schritten nachvollziehbar zu machen. Hierzu bietet es sich an, dass jede Erzieherin und jeder Erzieher ein Portfolio führt, das jeweils am Ende auch für die Evaluation der Projektarbeit herangezogen werden kann.

Im Zuge dieser Planungsphase können die Kinder durch ein gemeinsames Brainstorming ihre Ideen und Wünsche einfließen lassen, die rund um die ausgewählte Thematik aufkommen. Auf diese Weise ergeben sich thematische Schwerpunkte, Optionen für Exkursionen und auch für die Konsultation anderer Personen wie etwa Experten.

So entsteht nach und nach ein Haus, das nun symbolisch für den Projektentwurf steht, und in dessen Dach die Ziele stehen, die mit dieser Projektarbeit verfolgt werden.

Der gemeinsame Entwurf des Projekts sollte sich dabei an einigen wichtigen Punkten orientieren, die das Haus gestalten und auch gewährleisten, dass sämtliche Facetten der Planungsarbeit nicht nur bedacht, sondern auch ausgereizt werden können:

- *das Ziel bzw. die Ziele des Projekts;*
- *geplante Aktivitäten und sich mit diesen*
- *verbindende Orte;*
- *benötigte Materialien sowie auch*
- *in Frage kommende und zu konsultierende Experten bzw. andere Personen und in diesem Zuge auch*
- *Dienstleistungen, die in Anspruch genommen werden möchten;*
- *weiterhin sind erforderliche Absprachen zu bedenken,*
- *die einzelnen Arbeitsschritte und auch*
- *die Verteilung der Aufgaben;*
- *die Kalkulation des Zeitaufwands sowie auch*
- *abschließende und die Projektarbeit abrundende Tätigkeiten.*

Auf diese Weise erhält das symbolische Haus beliebig viele Fenster, die Ausblick in Richtung der verschiedenen thematischen Schwerpunkte geben und viele Arten von Steinen, die durch ihre Unterschiedlichkeit sämtliche Facetten dieser

Projektarbeit darstellen, während das Ziel oder die Ziele wie bereits erwähnt im Dach stehen.

Nachdem die Lerngruppe nun gemeinsam das Projekt skizziert hat, sind die favorisierten Schwerpunkte der Kinder deutlich geworden.

Daraufhin hilft eine Nachbearbeitung des Projektentwurfes, die gleichzeitig im Sinne einer theoretischen Vorbereitung zu verstehen ist, vor allem auch jenen Fachkräften, die noch keinerlei Erfahrung mit diesem didaktischen Instrument haben, um in erster Linie den Einsatz verschiedener und adäquater Methoden mitsamt zugehöriger Materialien sowie Medien im Sinne des ganzheitlichen und spiralförmigen Lernens zu planen, der in der nächsten Phase konkret vorbereitet wird, indem alles besorgt und zurechtgelegt wird.

Auch hier, in dieser Phase der Planung, wird den Kindern somit die Möglichkeit zur Mitbestimmung gegeben, wodurch sie gemeinsam ein Konzept erstellen, welches vom Fachpersonal entsprechend ausgearbeitet und vorbereitet wird – auf theoretischer und im Folgenden auch auf praktischer Ebene.

3.1.4 Die Vorbereitungsphase

Zu diesem Zeitpunkt sind alle Arbeitsvorhaben sowie möglichen Methoden, aber auch geplanten Aktivitäten und wünschenswerten Beteiligungen anderer Personen in der Theorie fixiert. Jetzt gilt es die Kinder gezielt vorzubereiten, indem Exkursionen bei den Eltern angekündigt werden, welche im Sinne einer Unterstützung auch involviert werden können. Je nach Themenbereich gibt es sogar Eltern, die spezielle Zugänge oder auch Kontakte haben, welche der Projektarbeit zuträglich sein können.

In jedem Fall müssen sämtliche Termine in ihrer jeweiligen Konstellation zwischen dem Kindergarten, den Eltern, den Experten und den Verantwortlichen der angestrebten Orte, Einrichtungen oder Institutionen abgesprochen werden. Die Kinder profitieren ganz besonders und gleich doppelt von dem Wissen externer Personen: Einerseits vermitteln diese neues Wissen bestenfalls , indem sie wertvolle Primärerfahrungen ermöglichen und andererseits werden die Kinder in die realistische Situation versetzt, mit Unbekannten in ein Gespräch einzusteigen, wodurch sie auch lernen, kurzfristig Vertrauen aufzubauen.

Zusätzlich sind Bus- oder Zugfahrten zu organisieren und schließlich müssen die Eltern auch deshalb frühzeitig angesprochen werden, da möglicherweise Kosten anfallen; wobei in diesem Zusammenhang auch ein eventuell vorhandener Förderverein einspringen könnte.

Auf der anderen Seite sind es natürlich die benötigten Medien, Materialien, Ressourcen und

Gegenstände, welche besorgt werden müssen, um den Kindern im Sinne des ganzheitlichen Lernens verschiedene Zugänge zu ermöglichen. Sind beispielsweise Rollenspiele vorgesehen, so sollten entsprechende Kostüme und Requisiten vorhanden sein, die vielleicht in einem Karnevalsgeschäft entliehen werden können.

Hier wird insbesondere der vielseitige und kreative Charakter einer Projektarbeit noch einmal deutlich, der natürlich nur durch eine entsprechend gute Vorbereitung gesichert werden kann. Auf diese Weise betrachten die Kinder das Thema ihres Projekts aus einer wechselnden Perspektive, die schließlich eine ganzheitliche sein sollte und somit dazu führt, dass die Kleinen sich auf den Weg einer Lernerfahrung begeben können, der dem Verlauf einer Spirale gleicht und der schließlich auf das Kernthema zuläuft, dessen Erschließung ein Ziel dieser Projektarbeit darstellt.

Drei Dinge werden somit deutlich: nochmals die Tatsache, dass die Vorbereitung, die hier im Speziellen zur Überschrift einer solchen Phase wird und ansonsten aber auch in den vorangehenden Phasen eine große Rolle spielt, sehr wichtig ist, um im Sinne der Kinder und der in diesem Kontext verstandenen Projektarbeit das gesamte didaktische Repertoire an Methoden sinnvoll zu nutzen. Weiterhin sollen den Kindern in diesem Zusammenhang möglichst viele Primärerfahrungen ermöglicht werden, deren mögliche Bandbreite durch eine gute Vorbereitung erkannt wird. Schließlich zeigt das im Zuge dieser Phase automatisch vorbereitete spiralförmige Lernen, dass die einzelnen Zugänge keine Mittel zum Zweck sind, sondern gleichermaßen als Stationen eines Weges zu verstehen sind, der genauso wie das Kernthema des Projekts, welches die Kinder sich letztendlich erschließen sollen, im Zeichen des Zielkomplexes steht, das der Projektarbeit zugrunde liegt – mit anderen Worten: Der Weg ist das Ziel beziehungsweise der Weg ist *auch* ein Ziel.

3.1.5 Phase der Durchführung mit Reflexionen

Im Rahmen dieser Etappe kommt es zur eigentlichen Projektarbeit. Die Kinder und auch die Erwachsenen erwarten diese Phase mit Vorfreude, da es nach aller Planung und Vorbereitung nun endlich konkret wird.

Für den Zeitraum des Projekts werden die Kinder täglich mit neuen Arbeitsaufgaben bedacht, die im Sinne einer Arbeitsteilung im Voraus möglicherweise auch schon verschiedenen Gruppen zugeordnet worden sind und die im Lichte des spiralförmigen Lernens stehen. Ob geplant oder auch spontan: Die Aufgaben können in Zweier-, Dreier- oder Kleingruppen bearbeitet werden.

Die entsprechenden Materialien und auch Medien werden durch die Erzieherinnen und Erzieher zur Verfügung gestellt. Sie können sich in den einzelnen Sequenzen der Arbeit aktiv einbringen und von den Kindern unabhängig davon auch stets konsultiert werden, um Hilfestellungen sowie auch Anregungen zu erhalten. Die Fachkräfte stehen den Kindern, die so selbstständig und selbstbestimmt wie möglich arbeiten sollen, nicht nur mit Rat und Tat zur Verfügung, sondern beobachten die Kleinen während dieser Phase der Durchführung auch sehr genau, um Rückschlüsse auf den Verlauf des Projekts ziehen zu können; auch leiten die Erzieherinnen und Erzieher zum nächsten Arbeitsschritt über und bewahren dadurch die Lebendigkeit der Projektarbeit.

In diesem Zusammenhang verfolgt das Fachpersonal auch das der Projektarbeit zugrunde liegende Prinzip der handlungsorientierten Arbeitsweise, indem Signale, Wünsche und Bedürfnisse der Kinder im Verlauf erkannt und neuer Handlungsbedarf hierdurch berücksichtigt werden kann. Die theoretische Vorbereitung, die im Rahmen der vorangegangenen beiden Phasen stattgefunden hat, verhilft nicht nur unerfahrenen, sondern auch routinierten Pädagoginnen und Pädagogen zu einer schnellen Reaktion, im Zuge derer immer dann mit neuen Impulsen ausgeholfen werden kann, wenn das Projekt stagniert; beispielsweise, weil die Kinder neue Informationen bräuchten, um den Ablauf der Projektarbeit auch in eine Richtung vorantreiben zu können, deren Vertiefung nicht explizit vorgesehen war.

Im gesamten Verlauf dieser Durchführungsphase werden im Rahmen mehrerer reflexiver Intervalle die Beobachtungen, Erfahrungen und Teilergebnisse aller Beteiligten nachvollzogen, um nicht nur die bisherige Arbeit und deren aktuellen Stand in Bezug auf die verfolgten Ziele festzustellen, sondern auch, um im Nachgang zur nächsten Lernstation überzuleiten. Hierbei werden besagte Änderungswünsche auf Seiten der Kinder, der Erwachsenen und anderer involvierter Personen berücksichtigt, weshalb die Flexibilität als wesentlicher Aspekt der Projektarbeit auch in dieser konkreten Phase ihrer Umsetzung zum Ausdruck kommt.

Auf diese Weise wird die Motivation aller immer wieder neu belebt – alle werden genau dort abgeholt, wo sie gerade stehen und erhalten die Chance sich immer wieder einzubringen.

Die einzelnen Reflexionsphasen sind also sehr wichtige Komponenten dieser Phase, weil sie Aufschluss über den Erfolg des zuvor erstellten Ablaufplans geben und auch aufzeigen, wie die Beteiligten zurechtkommen und welche Erfahrungen sie bisher machen konnten. Als Maßnahme der Qualitätssicherung schulen sie besonders die Kinder, aber natürlich auch die anderen Personen darin, im Team Rücksprache zu halten und die gemeinsame Arbeit konstruktiv zu reflektieren.

Auf der anderen Seite können solche Reflexionsphasen auch dazu führen, dass die Projektarbeit beendet wird. Dies kann dann der Fall sein, wenn bemerkt wird, dass das Interesse der Kinder trotz aller gemeinschaftlicher Bemühungen stetig abnimmt. Dies sollte nicht als Niederlage, sondern als Entscheidung angesehen werden, welche von den Kindern und somit im Sinne der Kinder getroffen wird. In einem solchen Fall wird auch nicht abrupt alles beendet, sondern die Phase der Durchführung kann so verkürzt werden, dass die letzten beiden Etappen sich direkt anschließen. Die Präsentation der Ergebnisse ist im Hinblick auf die Verarbeitung und Einordnung dieses Projekts schließlich sehr wichtig für die Kinder, mit welchen ganz zum Schluss auch noch eine gemeinsame Auswertung vorgenommen werden sollte.

3.1.6 Präsentation der Ergebnisse

In dieser vorletzten und hinsichtlich des Projektabschlusses sehr bedeutsamen Phase präsentieren die Kinder ihre Ergebnisse. Als Kreatoren eines sehr umfangreichen und vielseitigen Projekts ernten sie mit Stolz die Lorbeeren ihrer Arbeit, weshalb es einfach unerlässlich ist, die erzielten Ergebnisse vorzustellen. In der Zusammenschau zeigen alle Arbeiten, die vielleicht auch von Kleingruppen erstellt worden sind und somit ohnehin auch der gesamten Lerngruppe vorgestellt werden müssen, die Früchte einer gelungenen Teamarbeit. Denkbar ist, dass eine solche Präsentation vor den Eltern gehalten wird, aber auch in Anwesenheit der Presse. Auf einer weiteren Ebene ist es nämlich diese Form der pädagogischen Arbeit des Kindergartens selbst, die durch eine öffentliche Präsentation bei dessen Träger, Eltern und externen Personen eine wohlverdiente Aufmerksamkeit erhält, die sich nachhaltig in Interesse, Partizipation, Akzeptanz und Respekt niederschlägt.

In diesem Zuge kommt es zum Abschluss einer Projektarbeit, durch welche sich die Kinder im normalen Alltag durch zahlreiche Primärerfahrungen in Bereiche des Lebens aufmachen konnten, die sie zwar erst zukünftig in vollem Ausmaß erwarten, die sie aber schon jetzt erleben wollen und auch erleben sollten, um nicht in pädagogisch überladenen und künstlichen Oasen aufzuwachsen, nach deren Verlassen sie von der Realität geradezu erschlagen werden.

Jeder Projektabschluss schafft Raum für neue Projekte, die spontan aus jeder Situation erblühen und immerzu eine direkte Verbindung zum echten Leben herstellen können.

3.1.7 Die Evaluationsphase

In dieser allerletzten Betrachtung der gesamten Projektarbeit, die mit einer abschließenden

Evaluation einhergeht, besteht der Unterschied zu den einzelnen reflexiven Sequenzen der Durchführungsphase darin, dass ein gesamtes Fazit gezogen wird. Zwar bedeutet Reflexion immer, auf eine gewisse Art und Weise Abstand zu gewinnen, indem auf einer Meta-Ebene hinterfragt wird. Erst nach dem Abschluss der Projektarbeit treten die Beteiligten jedoch vollends aus dem gesamten Wirkungskreis dieser heraus und gewinnen automatisch eine Vogelperspektive. So eröffnet sich die Möglichkeit der Reflexion, welche das Projekt in seiner gesamten Komplexität von Anfang bis Ende erfasst. Auf diese Weise sollten alle Phasen des Projekts vor dem Hintergrund der aufgestellten Ziele auf ihr harmonisches Ineinandergreifen beleuchtet werden und auch die Betrachtung des Verlaufs einer jeden einzelnen Phase ermöglicht Rückschlüsse auf Aspekte, die im Rahmen zukünftiger Projektarbeiten verbessert werden können. Ebenso sollte die Teamarbeit als solche ausgewertet werden, denn die Zusammenarbeit in einer heterogenen Gruppe hängt von vielen Faktoren ab, die sich im Zweifel erst hinterher herausstellen und somit zukünftig besser bedacht werden können.

Eine solche Auswertung und auch Bewertung sollte im Optimalfall von allen Beteiligten vorgenommen werden, damit auch in dieser Phase die Eindrücke aller in einer Evaluation münden, die dadurch universell wird. Unabhängig davon, dass ein solches Auswertungsgespräch zusätzlich im kleinen Kreis der Erzieherinnen und Erzieher stattfinden kann, ist es auch deswegen wichtig, dass alle und somit auch die Kinder als in der Hauptsache Mitwirkende ebenso gehört werden, damit vor allem die Kleinen lernen, Geschehenes nachzuvollziehen, zu verarbeiten, einzuordnen und dahingehend zu reflektieren, was gut geklappt hat und was weniger zielführend war. Es entstehen so die Anfänge eines reflektierten Erfahrungsschatzes, welcher den Kindern die Partizipation an gesellschaftlichen Prozessen erleichtert. Auf der anderen Seite wächst ein Team aus Pädagoginnen und Pädagogen mit jeder gemeinsam bewältigten Aufgabe enger zusammen und lernt durch ein solches Resümee immer wieder dazu. Für dieses kritische Fazit bietet sich die Einbeziehung der vorgeschlagenen Portfolios an, in welcher Form jede Fachkraft die Projektarbeit dokumentiert haben sollte.

Mit der Zeit und zunehmender Erfahrung kann nach Belieben auch ein Evaluationsbogen entstehen, der jedoch stets genug Raum für die spezifischen Eigenheiten eines jeden Projekts lassen sollte.

3.2 Die Projektarbeit im Überblick: Eine Einordnung

Im ersten Moment erscheint die Projektarbeit als etwas Großes, das im Alltag kaum Platz findet.

Möglicherweise wird sie als eine Option eingeordnet, die vielleicht im Rahmen einer alljährlichen Projektwoche ausgelebt werden könnte. Genau hier vollzieht sich jedoch gerade ein Wandel, in welchem Lichte dieser Ratgeber einen Beitrag leisten möchte:

Es geht um die berechtigte Wiederbelebung der Projektarbeit, die heutzutage natürlich in einem zeitgemäßen Gewand erscheint. Hierdurch wird das Wesen dieser nicht grundlegend verändert, aber durch ein aktualisiertes Verständnis in den Diskurs frühkindlicher Pädagogik eingebettet, der gemäß seiner wissenschaftlichen Textur für neueste Erkenntnisse, die im Speziellen das Kleinkind betreffen, garantiert.

Daher sind es in diesem Zusammenhang empirische Studien, die zeigen konnten, dass Kinder im Rahmen von Projektarbeit selbst tätig werden können und das in einer kooperativen, kommunikativen, forschend-entdeckenden, ganzheitlichen, selbstbestimmten, handlungsorientieren, exemplarischen und interdisziplinären Art und Weise.

Das Entscheidende dabei ist: Projektarbeit ist normale Alltagsarbeit. Genau an dieser Schnittstelle ergibt der ausschlaggebende Aspekt für das zeitgemäße und wissenschaftlich fundierte neue Verständnis von Projektarbeit. Diese wird nicht mehr auf festgelegte und alljährlich wiederkehrende Zeiträume verdrängt, was tatsächlich noch an deren veraltetes Verständnis im Kontext des

Situationsansatzes erinnert. Heutzutage begründet sich das Potenzial der Projektarbeit auch darin, nicht nur aus jeder alltäglichen Situation hervorgehen und damit als didaktisches Instrument des Alltags eingesetzt werden zu können, sondern auch darin, dass die Initiative für ein Projekt von jedem Mitglied der Lerngruppe, also auch von den Kindern ausgehen kann. Letzterer Aspekt macht deutlich, wie sehr die Kinder und ihre Interessen im Mittelpunkt stehen: Es geht nicht länger darum, den Kindern alle Lernangebote vorzugeben, indem deren Inhalt, Umfang und Zeitpunkt von den Erwachsenen vordefiniert werden, sondern darum die Kinder einzubeziehen. Es ist auch an ihnen, Lernprozesse, die sie schließlich selbst betreffen, aktiv mitzugestalten und auch darüber zu entscheiden, ob sie ein entsprechendes Angebot zum Lernen annehmen möchten oder nicht. Somit ist auch die Teilnahme an der Projektarbeit freiwillig und keinesfalls eine Verpflichtung. Einzelne Kinder können zu jedem Zeitpunkt die Lerngruppe verlassen, oder auch wieder dazukommen; denn alles, was in diesem Zusammenhang zählt, ist die Motivation und das Interesse der Kleinen, das sie zur Teilnahme am Projekt bewegt. Zwang ist längst kein Begriff mehr, der im Kontext frühkindlicher Pädagogik auftaucht, vielmehr wird das Kind als gleichberechtigte(r) Partner(in) angesehen. Die Projektarbeit als solche greift diesen Gedanken nicht nur auf, sondern setzt ihn voraus. Eine solche Partizipation etabliert in Konsequenz einen permanenten Dialog, also einen Austausch, der jede(n) Teilnehmer(in) einbezieht.

Als Königin der Methodenvielfalt, der Interdisziplinarität und der praktischen Erfahrung bietet die Projektarbeit auf die Art viele Chancen, die bisher angenommene Normalität des Alltags aufzulockern und abwechslungsreicher zu gestalten, indem sie durch eine thematische Vielfalt den täglichen Ablauf nicht etwa durcheinanderbringt, sondern kreativ gestaltet.

Die Auswahl eines Themas ist für die Projektarbeit von zentraler Bedeutung, da es schließlich Basis und Ausgangspunkt zugleich ist. Die Kinder stimmen gemeinsam über die Weiterverfolgung einer Thematik ab, weshalb sicher von einem gemeinsamen Interesse ausgegangen werden kann, welches das ausgewählte Thema zur Basis des Projekts etabliert, während es gleichermaßen zu einem Ausgangspunkt wird, indem bereichsübergreifende Brücken geschlagen werden, die in diesem Sinne zu einer interdisziplinären Auseinandersetzung führen. In einem nächsten Schritt lässt sich diese imaginär eröffnete kleine Mind-Map rund um den zentralen Aspekt der thematischen Orientierung um die Chance erweitern, die sich durch die gemeinsame Themensuche ergibt: Durch die aktive Beteiligung der Kinder an der Findung des Themas, erhalten die Kleinen die Möglichkeit, ihre aktuellen Interessen, Wünsche und auch Bedürfnisse mitzuteilen, die auch Einblicke in den derzeitigen Entwicklungsstand mit zugehörigen Themenkomplexen eröffnen.

Da für die Arbeit an einem Projekt auch die allgemeingültigen Prinzipien und Maßstäbe von Inklusion gelten, ergibt sich gerade auch bei der Themenfindung eine zusätzliche Gelegenheit jedes einzelne Kind aus der gesamten und heterogenen Gruppe vor dem Hintergrund seiner spezifischen Entwicklungsthemen zu betrachten und dort auch abzuholen. So stehen Projekte im Lichte einer Offenheit, die sich nicht nur auf deren Arbeitsgemeinschaft bezieht, sondern eben auch auf die einzelnen Phasen der Projektarbeit. Flexibilität und Spontaneität sind dem spiralförmigen Lernen nicht hinderlich, sondern dahingehend zuträglich, dass unvorhergesehene Änderungen dessen Dynamik auch wieder antreiben können. Eine solche offene Vorgehensweise, ermöglicht durch zwischengeschaltete Reflexionen und deren Befunde einen adaptiven Projektverlauf, der sich zu jeder Zeit auf alle Beteiligten einlässt, die in diesem Zuge auch den zeitlichen Rahmen des Projekts gemeinsam festlegen. Die Projektarbeit unterscheidet sich durch ihre zeitliche Dauer von einer täglichen Aufgabe, die an nur einem Tag von einem Kind oder auch mehreren Kindern abschließend bearbeitet wird und bietet den Kindern damit den nötigen Raum für eine vielseitige und bereichsübergreifende Auseinandersetzung mit einem Thema. Die Authentizität der Thematik verbindet das Projekt direkt mit der momentanen Lebenswirklichkeit der Kinder und vermag daher auch andere Personen wie Eltern, Fachleute oder gar die Gemeinde einzubeziehen. Es entsteht eine – bezogen auf das Projekt – einmalige Kooperation dieser Menschen, von welcher ausgehend die Kinder nicht nur exemplarisch auf das gesellschaftliche Zusammenleben schließen können, sondern sie etablieren im Zuge einer solchen kooperativen Gemeinschaftsarbeit angeeignete und im Lichte demokratischer Prozesse stehende Stile hinsichtlich Umgang, Wertschätzung sowie auch ihrer Diskussionsfähigkeit, mit deren Hilfe sie aktiv an der Gesellschaft teilhaben können. Darüber hinaus erlernen die Kinder im Kontext einer jeden Projektarbeit auch nachhaltige Arbeitsweisen, welche in der heutigen Zeit katastrophaler Schädigung der Umwelt nicht bloß wünschenswert, sondern notwendig sind.

So haben Projekte natürlich Ziele, die sie verfolgen, jedoch wird einmal mehr klar, dass der gesamte Weg auch zu diesen gehört. Die Reflexion und Orientierung an den einzelnen und schrittweise zurückgelegten Prozessen führt auf jeder Ebene einer jeden Phase der Projektarbeit zurück dazu, was im Mittelpunkt steht: Die Wahrnehmung der Interessen der Kinder. Dies wiederum führt zu einer Basis für die gemeinsame Arbeit, welche jedem einzelnen Spaß macht, der eben auch daraus resultiert, dass jeder vor dem Hintergrund seiner Persönlichkeit mit all ihren Attributen einbezogen wird. Die Projektarbeit bezieht ihre Triebkraft also in ihrer Gesamtheit aus der Motivation aller, welche auch auf Seiten der Erzieherinnen und Erzieher gegeben sein muss, die ihrerseits als pädagogische Fachkräfte die Kinder immer wieder neu inspirieren, indem sie beständig für frische Impulse sorgen und durch ihre Dokumentation eben Sorge dafür tragen, dass wichtige Details fixiert werden, die für die Reflexion sowie Evaluation und dadurch für die Kommunikation und Kooperation im Team wichtig werden.

Projektarbeit in einem Satz: Kinder lernen in ihrer echten Lebenswelt und das aus eigener Überzeugung, also selbstbestimmt und mit der Hilfe pädagogischer Fachkräfte auf eine sehr vielfältige, kreative, ganzheitliche Art und Weise.

3.3 Ganz kleine Kinder ganz groß: Projektarbeit von Anfang an

Kinder unter drei Jahren haben ständig vieles im Kopf und bleiben selten lange bei einer Sache. Ihrem Alter entsprechend können sie sich noch nicht lange konzentrieren und wollen am liebsten alles auf einmal erleben. Sie lassen sich von ihrer Umgebung inspirieren und mitreißen, weshalb sie ständig auf Achse sind.

Projektarbeit in diesem Alter scheint mit der Überwindung großer Barrieren verbunden zu sein, dabei geht es auch hier einmal mehr nicht darum, den Kindern etwas aufzuzwingen. Es soll nicht gegen die Natur der Kleinsten gearbeitet werden, sondern diese wird als Vehikel genutzt, um eine Projektarbeit im Sinne ihrer altersgemäßen Ansprüche auszurichten. Natürlich ist hier vermehrt die Beobachtung und Initiation durch die Fachkräfte gefragt, was die Einbeziehung der Kleinkinder jedoch nicht ausschließt:

Damit kleine Kinder, deren Sprachvermögen noch sehr rudimentär ist, ebenso wie ältere beteiligt werden können, müssen diese demgemäß intensiver beobachtet werden, um deren aktuelle Interessen, Bedürfnisse und Wünsche aufgreifen zu können. Daher stehen auch im Mittelpunkt dieser Projektarbeit – und zwar trotz der naturgemäß erforderlichen, höheren Verantwortlichkeit der Pädagoginnen und Pädagogen – die Kleinkinder im Mittelpunkt, denn auch diese finden immer einen Weg, sich auszudrücken und es ist an den Erwachsenen, die entsprechenden Signale zu empfangen und für das Finden eines geeigneten Themas fruchtbar zu machen.

Grundsätzlich kann festgehalten werden, dass auch sehr kleine Kinder die nötigen Voraussetzungen für die Projektarbeit mitbringen:

Sie sind

- *stets neugierig und*
- *schnell zu begeistern,*
- *denn sie interessieren sich sehr für Arbeitsgeräte, Hilfsmittel und*
- *experimentieren sehr gern mit allen Sinnen.*

Darüber hinaus lebt die Arbeit an einem Projekt natürlich von der Motivation, die so jungen Kindern schon einmal schneller verloren gehen kann, deren Beständigkeit aber durch die Möglichkeit zu selbstbestimmtem und handlungsorientiertem Arbeiten unterstützt wird. Für die Kleinkinder besteht zum Beispiel ein besonderer Anreiz darin, sich ihre Utensilien, die im Rahmen des Projekts zur Verfügung stehen, stets selbst auszusuchen und in eigener Regie damit umgehen zu können; im Kontrast dazu sollte es ihnen auch gestattet sein, ihre Arbeit im eigenen Ermessen zu beenden. Da die Kinder berechtigterweise auch immer kleine Fans ihrer eigenen Erzeugnisse sind, wird die Motivation auch dadurch belebt, dass sie die im Verlauf der Projektarbeit entstehenden Ergebnisse beispielsweise durch eine Ausstellung immer wieder bewundern und stolz vorzeigen können.

Viele im Kontext der Arbeit an Projekten als Hürden angenommene Wesenszüge kleinster Kinder werden also ganz einfach fruchtbar gemacht und schaffen mindestens dieselbe Basis für eine Projektarbeit. Die intensivere Mitwirkung der Fachkräfte versteht sich allein durch die Tatsache, dass viele der Kinder unter drei Jahren nur sehr wenig oder noch gar nicht sprechen können, von selbst. Dies bedeutet jedoch für keine Phase des Projekts, dass die Kleinen nicht auch als die eigentlichen Gestalter auftreten können.

Die Findung eines geeigneten Themas ist in Kooperation mit den Kindern möglich, indem sie sehr genau während des Freispiels beobachtet werden und auch dahingehend, wie sie auf Lernumgebungen mit thematischen Schwerpunkten oder externe Unternehmungen reagieren. Hieraus und auch aus der Art und Weise, wie die Kinder Impulse annehmen, die von den Erzieherinnen und Erziehern ausgehen, lassen sich Rückschlüsse auf deren aktuelle Interessenlage ziehen. Natürlich gilt auch hier, dass jede andere denkbare Situation ausschlaggebend für ein Projektthema werden kann, denn auch, wenn die Kinder dies nicht konkret verbal äußern können, dann jedoch nonverbal mindestens so gut, dass eine Begeisterung deutlich wird.

Prinzipiell ist es ohnehin selten, dass es in Bezug auf das Alter homogene Gruppen gibt. Zumeist mischen sich U3-Kinder mit Kindern im Alter von drei bis sechs Jahren und die Thematik geht dementsprechend auch schon einmal mit einem höheren Anspruch einher. Gerade dann profitieren die Kleinsten von der generellen Offenheit eines Projekts, indem sie selbst entscheiden können, ob sie nur zuschauen, aktiv teilnehmen oder beides immer wieder im Wechsel. Dies kommt der Stufe ihrer Entwicklung auch deswegen besonders entgegen, da sie sich noch nicht lange konzentrieren können und ihr Interesse eher spontan, in Abhängigkeit von einer Situation zeigen. Daher gilt diese Offenheit selbstverständlich auch für Projekte, an denen nur Kinder unter drei Jahren beteiligt sind.

An der Planung der Projektarbeit, die naturgemäß vermehrt von den Fachkräften ausgeht, können die Kleinkinder ebenso adäquat beteiligt werden, indem sie beispielsweise im Morgenkreis über alles informiert werden und auch hier wieder der Austausch mit ihnen gesucht wird, welcher den Erzieherinnen und Erziehern vielleicht Hinweise auf weitere Ideen liefert.

Grundlegend für die Durchführung eines Projekts, an dem auch oder nur U3-Kinder teilnehmen, ist, dass das Projekt omnipräsent wird: Auf verschiedene Arten sollte es vor allem visuell so in den Alltag eingebettet werden, dass das Interesse der Kleinen immer wieder geweckt wird – und zwar in jener gewohnten, ganzheitliches Lernen ermöglichenden Weise. Zentral ist somit, dass die Kinder überall an ihr Projekt erinnert werden, sei es durch ein Bild schon an der Eingangstüre, eine Ausstellung bisheriger Ergebnisse im Flur oder eine Themenecke im Gruppenraum, die natürlich aus entsprechenden Büchern und Materialien bestehen oder zum Rollenspiel einladen kann. Im Verlauf ist weiterhin die sehr genaue Beobachtung der Kleinkinder nötig, um weitere Interessen, Bedürfnisse und Wünsche aufzudecken. Diese werden von den Fachkräften genutzt, um die

Projektarbeit in bestimmten, bereits ausgewählten oder neuen Bereichen zu vertiefen und erweitern.

Die Dokumentation ist für die ganz kleinen Kinder in vielerlei Hinsicht von großer Bedeutung: Indem sie die Chance bekommen, das Erlebte noch einmal anzusehen, etablieren sich die Anfänge einer (Selbst-)Reflexionsfähigkeit, die sich zunächst nur in einem internen Rahmen kognitiver Prozesse abspielt und erst später – eng verbunden mit dem Spracherwerb – auch mit einer entsprechenden Mitteilung einhergeht. Es bietet sich an, die Projektarbeit möglichst genau zu dokumentieren, also etwa in Form von Fotostrecken oder kleinen Filmaufnahmen. Hierbei sehen und erleben die Kinder sich selbst auf Bildern oder gar im Film und erhalten somit die Option nicht nur über sich selbst nachzudenken, sondern auch über das, was sie in diesem Zusammenhang gemacht und erlebt haben – und zwar für sich selbst auf ihre Weise, die schließlich ihrer Entwicklungsstufe entspricht. Von den Erzieherinnen und Erziehern können sie in diesem Zusammenhang zu einem Austausch angeregt werden, an dem die Kleinen durch die audiovisuelle Dokumentation naturgemäß mit einem höheren Interesse teilnehmen werden. Zusätzlich erhalten die Kinder einen Blick auf das gesamte Projekt und dessen Ergebnisse, die sie bisher nur als Teile einer noch nicht abgeschlossenen Arbeit wahrnehmen konnten. Dieser Weg mit seinen Etappen ist nun immer auch das Ziel eines solchen Projekts, während dessen Dokumentation insbesondere auch sehr jungen

Kindern aufzeigt, dass dieser Weg in Form dieser längerfristigen Projektarbeit, in deren Rahmen sie vieles erreicht haben, nun beendet wurde und dass ein abschließendes Ergebnis in Form der Zusammenschau aller Arbeiten, welche im Kontext des Themas entstanden sind, das Projekt abrundet. Letztlich dienen solche Aufzeichnungen, die in der Gestalt eines Portfolios gesammelt werden, allen Beteiligten im Zuge der Evaluation als Hilfsmittel und bieten auch den Eltern eine schöne Möglichkeit der Teilhabe.

Die letzte Phase, jene der Evaluation und Reflexion schließt sich also beinahe nahtlos an. Zusätzlich zu dem Austausch mit den Kindern, die sich ihrem Alter entsprechend noch nicht alle ausreichend mit Sprache ausdrücken können, bietet es sich an, die Eltern zu befragen. Diese können den Erzieherinnen und Erziehern rückmelden, was die Kinder im Kreise der Familie über die Arbeit im Kindergarten versucht haben zu erzählen.

Die Projektarbeit mit Kindern unter drei Jahren unterscheidet sich demnach nicht wesentlich von der Projektarbeit mit älteren Kindern, geht aber natürlich mit einem größeren Spielraum in Bezug auf das gesamte Projekt und einer noch intensiveren Auseinandersetzung auf Seiten der Fachkräfte einher: So können sprachliche Barrieren kompensiert und die ebenfalls dem Alter entsprechenden nur kurzen Phasen der Konzentration gezielt durch adaptive Modulationen von Methoden und zugehöriger Materialien auf sehr qualitative Weise ausgeschöpft werden; auch können die Aufmerksamkeit und das Interesse der Kleinkinder vor allem durch die Option zur selbstbestimmten, sinnlichen und damit ganzheitlichen Wahrnehmung, die von ihnen sehr favorisiert wird, immer wieder so angeregt werden, dass eine andauernde Motivation entsteht.

Projekte, die ausschließlich gemeinsam mit Kindern bis drei Jahren durchgeführt werden, finden in Zeitfenstern zwischen einer Woche und vier Monaten statt. Sollten sie doch länger dauern, sind auch ältere Kinder beteiligt, die sich in vielen Kindertageseinrichtungen meist mit den jüngeren Kindern innerhalb einer Gruppe mischen. Im Kontrast dazu stehen Projektarbeiten, an denen ausschließlich Kinder zwischen drei und sechs Jahren teilnehmen und die zwischen einer Woche und zwei Jahren andauern können, sich in der Praxis zumeist jedoch zwischen einem und sechs Monaten abspielen.

Es wird also sehr klar, dass auch Kinder unter drei Jahren durch eine altersgerechte Option zur Teilhabe an solchen Projekten einen pädagogisch wertvollen Zugang zu den Bildungsbereichen erhalten, die heutzutage im Zusammenhang begriffen werden und deren Vernetzung im Rahmen von Projektarbeit, die außerdem viel Nähe zum echten Leben herstellt, einen qualitativen Höhepunkt erreicht. Schon früh etablieren sich durch ein solches Arbeiten an Projekten Fähigkeiten und Fertigkeiten sowie dementsprechend auch kognitive Strukturen, die das Erschließen der Welt vereinfachen und auch das Vermögen zur Einordnung von Situationen in größere Zusammenhänge nach und nach ermöglichen.

Im Lichte des Inklusionsgedankens erhalten auf diese Weise auch sehr kleine Kinder, deren individuelle Eigenheiten und altersbedingten Voraussetzungen die Heterogenität einer Gruppe ebenso konstituieren wie jene aller anderen Kinder auch.

Projekte, die im Kindergarten durchgeführt werden, sind in erster Linie völlig individuell und bezogen auf ihren Inhalt prinzipiell nicht mustergültig. Sie entspringen verschiedenen Situationen oder einem gemeinschaftlichen Interesse, weshalb die Themen jedem denkbaren Bereich entstammen können. Schließlich ist es auch genau diese Spontaneität, die Projektarbeit so sehr auszeichnet: Immer dann, wenn Bedarf besteht oder sich abzeichnet, wird die Lebenswelt der Kinder aktiv aufgegriffen und mit viel Bezug zur Realität aufgearbeitet.

Andererseits geben nicht nur die Schwerpunkte der zehn Bildungsbereiche, sondern auch die für die jeweiligen Entwicklungsstufen der Kinder typischen und beliebten Themen, die sich ihrerseits durchaus mit den Bildungsbereichen verknüpfen lassen, Hinweise auf mögliche Inhalte von Projektarbeiten. Dies sind also Themen, die dann zur Auswahl stehen könnten, wenn die Kinder gerade nicht von einem speziellen Thema akut umgetrieben werden, sondern sich deren Interessen auf besagte alterstypische konzentrieren oder die Initiative zur Projektarbeit vermehrt von den Fachkräften ausgeht. Diese Vorgehensweise ist natürlich völlig legitim, jedoch gilt auch hier, dass die Kinder aus mehreren möglichen Vorschlägen gemeinsam das Thema auswählen sollten – und vielleicht geschieht es in diesem Zusammenhang doch, dass neue Vorschläge auf Seiten der Kleinen aufkommen. Somit entsteht automatisch die gewünschte demokratische und damit partizipative Atmosphäre.

Unter Berücksichtigung der pädagogischen sowie kreativen Freiheit der Fachkräfte und der ebenso wichtigen freiheitlichen und schöpferischen Gestaltungskraft der Kinder, die im Rahmen der thematischen und damit inhaltlichen Ausgestaltung eines Projekts stets im Mittelpunkt stehen sollte, können in einem inspirativen Sinne einige mögliche Themen für Projektarbeiten genannt werden, die den Bildungsbereichen direkt zugeordnet sind und sich durchaus auch mit den jeweils vorherrschenden Interessen der Kinder verbinden lassen:

1. Bewegung	Olympische Sommer- oder Winterspiele
2. Sprache und Kommunikation	Wortfelder / Geschichten erfinden
3. Körper, Gesundheit und Ernährung	Superfood – Was ist das eigentlich? / Bewusste Ernährung – aber wie? / Im Fokus: die Heidelbeere
4. Soziale und (inter-) kulturelle Bildung	Familiäre Stammbäume / Länder und Menschen dieser Welt
5. Musisch-ästhetische Bildung	Tanz-Aufführung (Musical) / Instrumente und ihre Klänge
6. Religion und Ethik	Religionen im Vergleich / Tiere als Ressource
7. Mathematische Bildung	Messwerkzeuge / Spiegelbilder
8. Naturwissenschaftlich-technische Bildung	Wasser und seine Eigenschaften / Säugetiere
9. Ökologische Bildung	Müll im Kontext der Umweltverschmutzung /
10. Medien	Wir sind mit der Kamera unterwegs!

Es ist also eine Liste ohne Anspruch auf Vollständigkeit, die es im Rahmen des aktuellen Verständnisses von Projektarbeit nicht geben kann und daher explizit in einem inspirativen Sinne zu verstehen ist. Projektarbeit entsteht in erster Linie situativ-intuitiv und ist niemals in ihrem veralteten Verständnis zu begreifen, vorgefertigte Projektarbeiten zu entwerfen, die ohne gestalterische Partizipation der Kinder und ohne den entsprechenden Kontext durchgeführt werden.

Nichtsdestotrotz gibt es natürlich auch die erwähnten Themen, für die sich alle Kindergartenkinder über Generationen hinweg mit Vorliebe begeistern: Ad hoc fällt in diesem Zusammenhang beispielsweise die Affinität kleiner Kinder zur Polizei oder zur Feuerwehr auf, zu Baustellen oder auch zu Tieren genauso wie zur Landwirtschaft.

Im Alltag ergeben sich also durchaus wiederkehrende Themen für Projektarbeiten, deren kreative Gestaltung im Einzelnen aber sicherlich immer anders geartet ist und auch sein sollte, da diese stets mit der in ihrem Verlauf nicht festgelegten schöpferischen Freiheit aller Beteiligten einhergeht, weshalb sich immer unterschiedliche Schwerpunkte auch unter dem Dach desselben Themas ergeben können.

Somit kann die Dokumentation eines Projekts auch in der Hinsicht nützlich sein, dass sie anderen Fachkräften, die vielleicht noch weniger Erfahrung in diesem Bereich haben, aufzeigt, wie verschiedene Lerngruppen verschiedene Projektarbeiten angegangen sind. Hierdurch werden vereinzelte

Projektarbeiten noch immer nicht mustergültig, aber doch so exemplarisch, dass sie die Vorarbeit anderer Fachkräfte dann erleichtern, wenn dasselbe Projekt bei anderen Generationen aufgrund der Beliebtheit der Thematik ebenfalls durchgeführt werden soll.

Dies hat sodann nichts mehr mit vorgefertigten Projektarbeiten gemeinsam, die den Kindern damals völlig ohne Zusammenhang und Bezug zu deren Lebenswelt angeboten wurden, sondern dient vielmehr einem Austausch von Erfahrungen, die inspirieren, unterstützen und in diesem Sinne auch die Professionalisierung der Fachkräfte weiterentwickeln, indem die Vielfältigkeit verschiedener Projektarbeiten, vor allem auch dann, wenn diesen das gleiche Thema zugrunde liegt, konstruktiv reflektiert wird.

Vor diesem Hintergrund schließt dieser Ratgeber also mit Fallberichten ab, die auf ihre Weise darlegen, wie Fachkräfte den gesamten Anspruch einer Projektarbeit gemeinsam mit den Kindern auf ihre individuelle Art erfolgreich bewältigt haben.

4.1 Fallbeispiel Baustelle:

„Gleich auf der Straße, die am Kindergarten entlang verläuft, und auch an einer Stelle, welche die Kinder vom Außenbereich aus leicht einsehen konnten, befand sich seit kurzem eine Baustelle. Diese zog das Interesse nicht nur wegen des vielen Lärms

auf sich, sondern auch allein deswegen, weil das Geschehen für die Kinder unheimlich spannend war. Wie sich zeigte, ließ die Stadt den zersprungenen Asphalt dieses Bereichs auf der Straße erneuern. In diesem Zuge kamen verschiedene Werkzeuge und Baustellenfahrzeuge zum Einsatz, welche sehr viele Kinder in der Version eines Spielzeugs zuhause hatten und sich daher für die originalen Ausgaben in voller Größe besonders begeisterten. Täglich tummelten sie sich am Außenzaun und verfolgten das bunte Treiben mit großem Interesse. Schließlich schlüpften sie aber auch in die Rollen der Bauarbeiter und schufen im Sandkasten ähnliche Verhältnisse wie die auf der Baustelle.

Dies nahmen wir im Team zum Anlass, dieses Thema für eine Projektarbeit fruchtbar zu machen. Am nächsten Morgen tauschten wir uns mit den Kindern im Morgenkreis darüber aus, wie sie es finden würden, wenn wir das Themengebiet rund um die Baustelle im Kindergarten gemeinsam erarbeiten würden. Schon bald darauf jubelten die Kinder, brachen in Diskussionen aus und warfen ganz viele Fragen und Vorschläge in den Raum. Diese Begeisterung hatten wir vorausgesehen und waren sehr froh darüber, denn der Grundstein für unsere Projektarbeit war damit gesetzt. Während die Kollegin einen Flipchart mitsamt Aufsteller aus dem Kreativraum holte, sprach ich mit den Kindern ab, dass jeder und jede seine bzw. ihre Ideen und Vorschläge äußern darf – allerdings nacheinander: Hierzu nahm immer das Kind, das gerade gesprochen hatte, das nächste dran. Auf dem Flipchart zeichneten wir symbolisch alles auf, wofür die Kinder sich im Kontext der Baustelle interessierten: einen Kran, Bagger, Raupen und natürlich Betonmischer, aber auch die Werkzeuge und Ausrüstung der Bauarbeiter. Es wurden keine Kunstwerke, das versteht sich von selbst, aber die grundlegenden thematischen Schwerpunkte konnten wir auf diese Weise sammeln und für alle übersichtlich visualisieren. Nachdem also klar war, dass es die Baustellenfahrzeuge sowie Baumaschinen auf der einen Seite und die Bauarbeiter, deren Werkzeuge und Ausrüstung auf der anderen Seite waren (die letztlich ohnehin Hauptbestandteile und -akteure einer Baustelle sind und die aber im Speziellen von den Kindern als eben diese ausgemacht wurden), baten wir die Kinder sich jeweils für den Schwerpunkt zu entscheiden, für den sie sich am meisten begeisterten. Auf diese Weise gingen wir unser Projekt arbeitsteilig an.

Nachmittags ging ich rüber zur Baustelle und sprach die Arbeiter direkt an, ob sie unserer Arbeitsgruppe für ein Interview zur Verfügung stehen würden. Nach Rücksprache mit ihrem Arbeitgeber stand einem solchen Termin nichts mehr im Wege und auch ein Junge aus unserer Gruppe hatte eifrig davon erzählt, dass sein Vater auf einer Baustelle arbeiten würde. Die Nachfrage bei diesem ergab, dass er gerade beim Bau eines Wohnhauses mitwirkte, wozu natürlich auch ein großer Kran benötigt wurde. Das direkte Betreten der Baustelle unterblieb aus

Sicherheitsgründen, jedoch sollte dem Zuschauen aus sicherer Ferne nichts im Wege stehen. Der Vater bot sich an, den beobachtenden Kindern am Ort des Geschehens und in der Rolle des Experten Fragen zu beantworten.

So ergaben sich also gleich zwei Gelegenheiten für die Kinder Bauarbeiter direkt zu befragen, denn schließlich ahmten sie in ihren Freispielen nahezu täglich und zwar nicht nur in der Kita, sondern auch zuhause deren Arbeit nach. Darüber hinaus wurde es unserer Gruppe erlaubt, von der Baustelle am Kindergarten Fotos zu machen, so dass jedes Kind mit der Digitalkamera eine Aufnahme schießen konnte. Mit den entwickelten Bildern entwarfen wir eine Collage, die im Zuge des Projekts auch gleich aufgehängt wurde.

Im Verlauf der Projektarbeit entstand in unserer Bücherecke ein entsprechender Themenbereich: Bücher konnten wir uns aus der hiesigen Bücherei entleihen. Im Bauraum standen größere Bausteine aus Schaumstoff zur Verfügung, kindgerechte Schubkarren, Helme, Arbeitshandschuhe, Schutzbrillen und auch Hörschutz genauso wie auch ein manuell zu betreibender Betonmischer aus Kunststoff. Jene Utensilien, die noch nicht vorhanden waren, konnten in kurzfristiger Absprache mit dem Förderverein eingekauft, aber teilweise auch von Kindern entliehen werden, die Besitzer dieser Spielzeuge waren, und in dieser Rolle die anderen Kinder stolz instruierten; in diesem Sinne ihre

Spielzeuge also warmherzig teilten.

Gemeinsam mit den Kindern hatten wir uns im Voraus dazu entschieden die verschiedenen thematischen Schwerpunkte arbeitsteilig zu erarbeiten: Während eine Gruppe in Form von Bildern, Mal- und Bastelarbeiten eine Übersicht über Baustellenfahrzeuge und Baumaschinen erarbeitete, beschäftigte die andere sich in derselben Weise mit der Ausrüstung sowie mit den Werkzeugen der Bauarbeiter, in welchem Zuge auch die verschiedenen Fachrichtungen und damit Berufe im Kontext der Baustelle herausgestellt worden sind.

Jede fertiggestellte Arbeit wurde sogleich in den Fluren aufgehängt, wodurch unsere Projektarbeit eine sichtbare Gestalt bekam. Morgens im Kreis sangen wir gemeinsam Kinderlieder, die das Thema der Baustelle aufgriffen und starteten jeden Tag auf diese Weise mit einer direkten Verbindung zu unserem Projekt. Während der gemeinsamen Reflexion unserer bisherigen Arbeit äußerten viele Kinder den Wunsch, ihre Baustellen-(Spiel-) Fahrzeuge einmal mitbringen zu dürfen. Daraufhin betrauerten einige Mädchen den Umstand, solche Spielzeuge nicht zu haben. Die Situation wurde gelöst, indem sie sich ein solches entweder von ihren Brüdern oder von den Jungs aus unserer Gruppe ausleihen konnten. An dieser Stelle erhielten die Mädchen, die sich ebenso für die Baustelle auf der Straße unseres Kindergartens begeisterten, Gelegenheit für die Erkenntnis sich auch als

Mädchen für Bereiche begeistern zu können, die von der Gesellschaft geschlechtsspezifisch besetzt worden sind. Sie erfreuten sich an ihren Leihgaben, die sie freudig im gemeinsamen Spiel einsetzten.

Schließlich präsentierten die einzelnen Gruppen den Kindern der jeweils anderen Arbeitsgruppe ihre Ergebnisse und damit verbundenes Wissen, das sie nicht nur aus Büchern, sondern auch aus den Gesprächen mit den echten Bauarbeitern, als auch aus Beobachtungen gewinnen konnten. Sie stellten ihre Malarbeiten und Basteleien vor, präsentierten auf diese Weise und beantworteten den anderen Kindern sogar Fragen.

Die Ausstellung, die letztendlich entstanden ist, konnten die Kinder an einem abschließenden Tag ihren Eltern und anderen Liebsten zeigen, die eigens hierfür eingeladen wurden und zwar mit Einladungen, welche ebenfalls von den Kindern gestaltet worden sind."

(Linda G., 32 Jahre)

4.2 Fallbeispiel Farben:

„Der Frühling begrüßte uns in jenen Tagen täglich mit vielen Farben und das in dieser Zeit gefeierte Osterfest bereiteten die Kinder gern vor, indem sie viele Eier kunterbunt anmalten. Sehr oft hörten wir die Kinder, wie sie sich darüber unterhielten, welche Farbe wohl am schönsten sei und gerade die Kleinsten übten sich eifrig darin, die Farbnamen

auch auszusprechen und richtig zuzuordnen. Farben waren also aufgrund der Jahreszeit nicht nur in der Natur, sondern auch im Rahmen des religiösen Osterfestes und in diesen Zusammenhängen bei den Kindern sehr aktuell geworden.

Daher entschlossen wir uns gemeinsam mit ihnen zu einem kleinen Projekt, das sich um Farben drehen sollte. Kleine Kinder konnten hieran genauso beteiligt werden wie auch die größeren, die wir beispielsweise schon mit den Besonderheiten der Grund- und Komplementärfarben bekannt machen wollten. Zusammen planten wir die Ausgestaltung verschiedener Projekttage, wobei jedes Kind sich im Voraus seine Lieblingsfarbe überlegen durfte; insbesondere den Kleinsten zeigten wir dazu einen Farbkreis, damit sie auf ihre liebste Farbe, wenn es denn durch die Sprache noch nicht ganz klappte, zeigen konnten.

In Kooperation mit den Eltern wurden für jedes Kind leichte, dem Klima des Frühlings angepasste langärmelige Shirts in der jeweiligen Lieblingsfarbe des Kindes besorgt. Diese konnten sie nach Belieben an den Projekttagen überziehen und in diesem Sinne Farbe bekennen. Morgens tanzten wir alle so gekleidet zur Begrüßung im Kreis, denn auch wir ErzieherINNEN trugen ein entsprechendes Shirt, sangen Lieder mit Bezug zu den Farben und nutzten dazu ein schönes, buntes Schwingtuch.

Jedes Kind fertigte eine Malarbeit in seiner

Lieblingsfarbe an und zwar mit Händen und Füßen: Alle hatten die Möglichkeit, ihre Kreativität frei zu entfalten und dabei die Farbe unter Einbeziehung des Tastsinns einzusetzen. In dieser ganzheitlichen Manier entstanden große Collagen, die individuell gestaltet worden sind und die wir natürlich in unserer projektbezogenen Ausstellung zeigten. Mit den älteren Kinder spielten wir Spiele wie Uno, das neben den Farben auch Zahlen nutzte und natürlich gesellten sich alsbald die neugierigen Kleinsten dazu, die immer dazu eingeladen waren, von den Älteren zu lernen, die ihnen wiederum halfen. In der Gemeinschaft spielten wir auch gerne „Ich sehe was, das du nicht siehst" – natürlich bezogen auf Farben. Die Kinder entschieden täglich selbst, welcher Arbeit sie sich gern widmen würden und bekamen auch die Möglichkeit Blumen zu trocknen, die sie im Rahmen einer kleinen Exkursion zu einer nahegelegenen Blumenwiese pflückten. Hier konnten sie erleben, wie die Blüten während des Trocknungsvorgangs ihre prächtigen Farben verloren und lernten dementsprechend einiges über die natürliche Vergänglichkeit. Die so präparierten Blumen klebten sie auf ein solches Tonpapier, das die ursprüngliche Farbe der Blütenblätter hatte. Insgesamt entstand ein kleines Herbarium, das wir natürlich ebenso ausstellten. Einen weiteren Bezug zu den Farben, aber gleichzeitig auch zu den Naturwissenschaften stellten wir durch die Möglichkeit zur Nutzung von Prismen her: Hier wurde das nur scheinbar weiße

Sonnenlicht in die Spektralfarben zerlegt, die in ihrer Gesamtheit wiederum das weiße Licht ergeben. So erzeugten die älteren, aber auch die jüngeren Kinder ganz einfach kleine Regenbögen. Dieses Experiment war ein absolutes Highlight und sprach nicht nur den Forschergeist eines jeden Kindes an, sondern ermöglichte allen einen unmittelbaren Zugang zu einem physikalischen Phänomen.

Die Dauer des Projekts machten wir abhängig vom Interesse und der Motivation der Kinder, die wir zwischenzeitlich beispielsweise durch die Ausgabe der Prismen anregen konnten. Insgesamt verging eine Woche, ehe wir diese Projektarbeit mit einem Tag beendeten, an welchem die Kinder ihren Eltern die Ausstellung zeigen und ihnen auch erzählen konnten, welche Entdeckungen sie in diesem Zusammenhang gemacht haben.“

(Barbara O., 48 Jahre)

IMPRESSUM

© Susanne Hofer

ISBN Taschenbuch: 978-3-949867-02-6
ISBN Hardcover: 978-3-949867-03-3

Originalausgabe

Erste Auflage 2022

© 2022 Susanne Hofer

Lektorat und Korrektorat: Meike Luft

Covergestaltung: Danileoart, www.danileoart.com

Satz und Layout: Danileoart